AS FORMAS E A VIDA

FUNDAÇÃO EDITORA DA UNESP

Presidente do Conselho Curador
José Carlos Souza Trindade

Diretor-Presidente
José Castilho Marques Neto

Editor Executivo
Jézio Hernani Bomfim Gutierre

Conselho Editorial Acadêmico
Alberto Ikeda
Alfredo Pereira Junior
Antonio Carlos Carrera de Souza
Elizabeth Berwerth Stucchi
Kester Carrara
Lourdes A. M. dos Santos Pinto
Maria Heloísa Martins Dias
Paulo José Brando Santilli
Ruben Aldrovandi
Tania Regina de Luca

CARLOS EDUARDO JORDÃO MACHADO

As formas e a vida

Estética e ética no jovem Lukács (1910-1918)

Textos do jovem Lukács
– O problema do drama não-trágico
– Da pobreza de espírito. Um diálogo e uma carta
Tradução de Carlos Eduardo Jordão Machado

© 2003 Editora UNESP

Direitos de publicação reservados à:

Fundação Editora da UNESP (FEU)
Praça da Sé, 108
01001-900 – São Paulo – SP
Tel.: (0xx11) 3242-7171
Fax: (0xx11) 3242-7172
www.editoraunesp.com.br
feu@editora.unesp.br

Os dois ensaios do jovem Lukács foram autorizados para publicações no Brasil pela Internationale Georg-Lukács Gesellschaft. Agradecemos a Frank Benseler e a Werner Jung a permissão.

Dados Internacionais de Catalogação na Publicação (CIP)
(Câmara Brasileira do Livro, SP, Brasil)

Machado, Carlos Eduardo Jordão
  As formas e a vida: estética e ética no jovem Lukács (1910-1918) / Carlos Eduardo Jordão Machado. – São Paulo: Editora UNESP, 2004.
  Bibliografia.
  ISBN 85-7139-510-1
  1. Filosofia política 2. Lukács, György, 1885-1971 – Crítica e interpretação 3. Lukács, György, 1885-1971 – Estética 4. Lukács, György, 1885-1971 – Ética I. Título. II. Título: Estética e ética no jovem Lukács (1910-1918).

04-2346   CDD-335.401

Índice para catálogo sistemático:
1. Autores marxistas: Filosofia   335.401

Este livro é publicado pelo projeto *Edição de Textos de Docentes e Pós-Graduados da UNESP* – Pró-Reitoria de Pós-Graduação e Pesquisa da UNESP (PROPP) / Fundação Editora da UNESP (FEU)

Editora afiliada:

*Dedico este trabalho a Petra Gienandt,
Joachim Walter e Jutta Kolletsky,
que ajudaram na redação do texto em alemão;
a meu irmão Antonio Carlos Jordão Machado e
sua esposa Nadir Ferreira Machado;
e a minha filha Fernanda Murad Machado.*

Sumário

Nota do tradutor   9

Introdução   11

1 O conceito de forma em *A alma e as formas*   17

O amor como forma   17

O gesto   26

O milagre   38

A ética da bondade (*Güte*)   44

2 A "segunda" ética como configuração
a priori de um novo épos. O livro sobre Dostoiévski   55

Introdução   55

Os heróis de Dostoiévski: os ateus   68

As categorias do um novo épos   81

A ação heróica rápida e o tipo revolucionário   98

Mais uma vez a questão do épos   109

3 A estrutura da ética "luciferina"   115

Introdução   115

A subjetividade   118

A suspensão dos deveres   124

A reclusão   128

Rússia e Europa Ocidental   136

Ir até o fim   147

Referências bibliográficas   153

Anexos
Textos do jovem Lukács   165

O problema do drama não-trágico (1911)   167

Da pobreza de espírito. Um diálogo e uma carta (1912)   173

Nota do tradutor

Este livro é a tradução de minha tese de doutorado, escrita originalmente em alemão, com o título *Die Formen und das Leben. Ästhetik und Ethik beim frühen Lukács (1910-1918)*.

A tradução manteve ao máximo as características do original alemão, as citações feitas por Lukács – que não lia russo – dos romances de Dostoiévski foram cotejadas com as traduções brasileiras, *Os possessos*, *Os irmãos Karamazov*, de Rachel de Queiroz, e *O idiota*, de José Geraldo Vieira, para as *Obras completas e ilustradas de F. M. Dostoiévski* (José Olympio, 1955) e *Crime e castigo*, de Paulo Bezerra (Ed. 34, 2001). Os acontecimentos de 11 de setembro de 2001, que deram novas qualidades à questão do terrorismo, só contribuíram para dar um sentido atual ao problema discutido pelo jovem Lukács e analisado criticamente por nós aqui. Certamente, a questão do terror vista pelo jovem Lukács é de outra natureza e se enlaça com a questão da revolução, como afirmamos no texto; ele não possuía ainda o instrumental teórico adequado para enfocar dialeticamente a questão.

Gostaria de agradecer a Isabel Loureiro a revisão cuidadosa da tradução; a Joachim Walter a revisão do texto em alemão; e a Werner Jung o envio do original alemão do ensaio "Da pobreza de espírito", assim como da sua tradução inglesa.

Carlos Eduardo Jordão Machado

INTRODUÇÃO

Este trabalho é o resultado da minha tese de doutorado, defendida na Gesamthochschule-Universität Paderborn, na Alemanha Federal, em junho de 1997, sob a orientação dos professores Dr. Frank Benseler (Paderborn) e Dra. Christa Bürger (Frankfurt aM). Seu objetivo é mostrar a significação do conceito de forma na concepção ética do jovem Lukács.

O jovem Lukács pretendeu formular, por meio do conceito de forma, uma ética além dos deveres. Logo dei-me conta de que essa fundação ética do conceito de forma só pode vir à luz se estiver no primeiro plano a inseparável conexão com a forma literária – como a tragédia e a novela na coletânea de ensaios *A alma e as formas* (1911) e com o romance na *Teoria do romance* (1916). A conexão entre gênero formal (*Gattungsform*) e questões éticas, como o jovem Lukács a entendeu, só pode ser formulada como *ensaio* – pois não se pode falar de um *sistema* ético no jovem Lukács. O ensaio como forma vale como "gênero representativo" do jovem Lukács (Markus, 1977a, p.105).[1] O modo provocativo de lidar com as contradições é um elemento formal determinante do ensaio: o ensaio é um experimento.

---

1 Após a Segunda Guerra Mundial, a recepção ocidental do jovem Lukács começa com os ensaios de Lucien Goldmann (1974, p.44-58) e Adorno "Der Essay als Form" (1981, p.9-33).

No prefácio de *A alma e as formas*, "Sobre essência e forma do ensaio: carta a Leó Popper" (1910), Lukács (1971a, p.7) fala sobre o ensaio como "estudos histórico-literários". Como tal ele é uma crítica científica caracterizada como gênero artístico: o ensaio é uma forma de arte. A forma do ensaio não se contrapõe imediatamente aos fatos, mas se relaciona com eles sempre por meio de mediações já elaboradas, por meio das formas. O objeto do ensaio já está dado: as formas. Como diz Lukács (1971a, p.20)

> o ensaio fala sempre de algo já formado ou, no melhor dos casos, de algo já existente; é também da sua essência não extrair coisas novas a partir de um nada vazio, mas simplesmente daquelas que já foram vivas alguma vez, ordenando-as de novo. E apenas porque as ordena de novo, estando também ligado a elas, não forma algo de novo a partir do disforme, deve sempre expressar a verdade sobre elas.

Outra característica importante do ensaio para Lukács é a *ironia*, um instrumento reflexivo com o qual o ensaísta alcança uma "realidade da alma" *(Seelenwirklichkeit)* e se separa da vida cotidiana. Essa separação, no entanto, significa poder estabelecer a unidade daquilo que nesta vida está cindido: uma idéia que é vivida no instante *(Augenblick)*. A ironia está presente, sempre de formas diversas, em qualquer texto de um grande ensaísta. A ironia expressa a falta de base *(Bodenlosigkei)* de uma tentativa que não possui a força de colocar a própria vida em movimento, para torná-la mais viva e dotada de sentido, em vez de apenas elucidar livros e imagens. É a exteriorização da nostalgia *(Sehnsucht)* de unidade e equilíbrio entre a vida tornada plena por meio da forma e a vida imediata. Mas a ironia é apenas uma idéia. "A ironia" – diz Lukács (1971a, p.18-9) –

> consiste em que o crítico está sempre falando sobre as questões últimas da vida, mas sempre também em um tom, como se o discurso tratasse apenas de imagens e livros, de ornamentos da grande vida, belos e sem essência; e que aqui não falasse também do mais profundo da interioridade, mas meramente de uma superfície bela e inútil.

A tentativa do ensaísta é como tal uma ironia: "assim como Saul, que saiu para procurar a mula de seu pai e encontrou um reino, o en-

AS FORMAS E A VIDA **13**

saísta, que está sempre à procura da verdade, encontra no fim de seu caminho uma meta não almejada, a vida" (ibidem, p.22).

Na Europa Central, e sobretudo na Alemanha, a forma do ensaio expressa uma visão peculiar. Uma visão que une Georg Simmel e o jovem Lukács, Karl Kraus e Robert Musil, Rudolf Kassner e Ernst Bloch, Siegfried Kracauer, Walter Benjamin e Theodor Adorno. Eles alcançaram, por essa forma de escrever, a especulação sobre objetos específicos e culturais já preformados: em Simmel, como atenção para a "coisificação" (*Sachlichkeit*), para a sensibilidade "nervosa" da vida moderna nas metrópoles; em Kassner, como crítica e platonismo; em Bloch, como a configuração utópica da questão inconstruível; e posteriormente em Benjamin, como imagem (surrealista) e como palco da experiência intelectual, em Adorno – para não falar da crítica de Karl Kraus à fraseologia da imprensa e ao modo como Musil mescla diferentes discursos. A forma do ensaio já era conhecida e valorizada pelos românticos. Os diálogos de Platão e os escritos dos místicos, os ensaios de Montaigne e os diários imaginários e as novelas de Kierkegaard são os exemplos tomados por Lukács da forma do ensaio. A particularidade de Lukács como ensaísta reside no modo como tenta fundar uma ética por meio do conceito de forma ou, dizendo com outras palavras, o projeto de uma fundação ética da forma como filosofia da ação.

O jovem Lukács quis escrever, durante o período da Primeira Guerra Mundial, um livro sobre Dostoiévski que ficou apenas na forma de anotações e projetos. Nas "Anotações sobre Dostoiévski", apenas publicadas em meados dos anos 80 (Lukács, 1985), há determinadas passagens, nas quais aparece uma sagração do criminoso – do terrorista-revolucionário. Lukács entremeia esse tema com a forma literária, os exemplos são extraídos das obras de Schiller, Hebbel e Dostoiévski. Ao fazer isso, Lukács deixa ver o calcanhar-de-aquiles de sua concepção ética: trata-se de uma martiriologia da ação revolucionária e de uma concepção elitista e estetizante da ética. Com essa ética, como ele mesmo afirma, "luciferina", pretende superar a ética kantiana do dever e formular uma ética além da reificação, mas lhe falta para isso o instrumental teórico adequado. O jovem Lukács

14 CARLOS EDUARDO JORDÃO MACHADO

está mais sob a influência da filosofia da existência de Kierkegaard do que da dialética histórica de Hegel. O conceito de "segunda" ética origina-se propriamente de Kierkegaard, como é discutido no capítulo final. Lukács quer esboçar nas "Anotações sobre Dostoiévski" uma "metafísica do socialismo".

O leitor pode indagar, com razão: como se pode escrever sobre um livro que nunca foi concluído, que ficou apenas na forma de anotações e projetos? Na verdade, tive que encontrar uma forma para tal, que é muito simples: as "Anotações sobre Dostoiévski" não devem ser interpretadas separadamente nem dos conceitos da *Teoria do romance* nem tampouco da sua análise formal dos romances de Dostoiévski. Gênero formal e ética são simultâneos do ponto de vista de uma filosofia da história. Devem-se ouvir as vozes dos heróis de Dostoiévski para se compreender o esboço de interpretação de Lukács, mas deve-se ler também Kierkegaard, pois o jovem Lukács (e o maduro também!) faz de Dostoiévski um leitor de Kierkegaard.[2] Na *Teoria do romance*, Lukács desenvolve uma teoria do romance conclusiva que termina com uma formulação não ambígua e simples: não se trata mais de romances: "Dostoiévski não escreveu romance algum" (Lukács, 1994, p.137). Tudo acaba em Dostoiévski.

Se as "Anotações sobre Dostoiévski" são uma continuação da *Teoria do romance*, as suas categorias internas são uma intensificação e uma superação da forma do romance – a hipótese funcionou para mim como um "abre-te Sésamo" e permitiu decifrar as passagens mais obscuras. Ferenc Fehér (1977a, p.241-327) tenta compreender a interpretação de Lukács dos romances de Dostoiévski como romance policial (*Kriminalroman*); Reiner Rochlitz (1983), como drama da graça (*Gnadendrama*). Podem-se aferir ambas as possibilidades de interpretação nas "Anotações sobre Dostoiévski". O jovem Lukács pretende, no entanto, interpretar os romances de

---

2 "O episódio do Grande Inquisidor mostra diretamente o abismo intransponível entre a relação de Jesus com a vida e a condução normal da vida de hoje. Aqui Dostoiévski está bem próximo de Kierkegaard" ("Lob des neunzehnten Jahrhundert" in Lukács, 1971c, p.661 – "O elogio do século XIX" in *Novos rumos*, n.8 e 9. São Paulo: Ed. Novos Rumos, p.11. Trad. C. E. J. Machado).

Dostoiévski como um novo épos, apesar de deixar em aberto a questão da sua determinação como gênero formal. Pode-se dizer, além disso, que as *Anotações sobre Dostoiévski* mostram as dificuldades de Lukács em formular a sua hipótese (os romances de Dostoiévski como uma nova forma de épos). O segundo capítulo deste meu trabalho começa com uma tipologia de ateus, isto é, como Lukács caracteriza os heróis de Dostoiévski. A seguir, a atenção é dirigida às categorias dessa "nova" forma de épos, compreendendo-as como intensificação e superação da forma do romance. O que é importante é o modo como Lukács analisa a ação e o papel do diálogo como instauração de uma realidade "metafísica". Por meio da ação é posta a "segunda" ética. Os heróis de Dostoiévski estão além do mundo das convenções. Eles abandonaram o inferno da "pecaminosidade completa" (*vollendete Sündhaftigkeit*) – como Lukács denomina o presente na *Teoria do romance*.

O primeiro capítulo introduz as questões éticas no jovem Lukács, com as quais, por meio do conceito de forma, ele se ocupa até o fim: o ensaio sobre Kierkegaard "O chocar da forma com a vida: Sören Kierkegaard e Regine Olsen" de *A alma e as formas*, o diálogo "Da pobreza de espírito" (1912) são os escritos de Lukács que estão em primeiro plano para compreender a sua fundação ética do conceito de forma. Resumindo, o jovem Lukács se esforça por formular uma filosofia da ação coerente, a qual deve estar em conexão com uma teoria da revolução.

Gostaria de agradecer ao CNPq a bolsa de doutorado no exterior, e à UNESP – Câmpus de Assis, em particular aos colegas do Departamento de História, os afastamentos; aos meus orientadores alemães, Prof. Dr. Frank Benseler (Paderborn) e Profa. Dra. Christa Bürger (Frankfurt aM); também sou grato pelo apoio e incentivo que recebi de Paulo Eduardo Arantes, Roberto Schwarz, Isabel Maria Loureiro, José Castilho Marques Neto e de Michael Löwy e Pierre Furter.

Frankfurt sobre o Meno, fevereiro de 1997

Figura 1 – Irma Seidler (1883-1911) – (Fekete & Karádi, 1981, p.40).

1
O CONCEITO DE FORMA EM
A ALMA E AS FORMAS

O amor como forma

Deve-se ter diante dos olhos a correspondência entre Lukács e Irma Seidler para poder apreender a particularidade do livro do jovem Lukács, *A alma e as formas* (Lukács, 1982). A recíproca interseção de questões biográfico-existenciais e problemas teóricos é uma exigência do próprio objeto. Em cada ensaio desse livro, o jovem Lukács pretende não apenas analisar obras literárias singulares, mas também apreender a "forma de vida" (*Lebensform*) de cada artista. Encontrar uma "forma de vida" é o escopo desse livro programático-vital: uma vida que, por meio da forma, se torna dotada de sentido ético-estético. Ou dito com as palavras de Ute Luckhardt (1994, p.144):

> Trata-se da possibilidade de mediação entre sensibilidade e intelectualidade ou – segundo o próprio Lukács – a alma e as formas. Cada ensaio no volume do mesmo nome perpassa uma forma possível da união entre vida e obra. Cada novo ensaio é uma tentativa de encontrar uma forma de vida.

O ensaísta não apenas pergunta "como se deve viver?", mas também coloca essa questão para si mesmo. Ele descreve a si próprio. Como Montaigne, o jovem Lukács entende o ensaio como "experi-

18 CARLOS EDUARDO JORDÃO MACHADO

mentos em si mesmos" ou "auto-experimentos". Cada ensaio do livro *A alma e as formas* é um experimento em que no seu centro está um jogo entre mim e eu: um movimento de pensamentos com calor corpóreo: *"les autres forment l'homme: je le récite"* (Montaigne, 1965, p.44).[1] O ensaísta tem que encontrar a si próprio, para refletir sobre si mesmo. Enquanto os objetos do ensaio estão dados e formados, a forma específica de representação do ensaio tem que ser criada novamente. Para o jovem Lukács, a forma do ensaio no mundo moderno é expressão de uma vida tornada problemática.

A alma e as formas é dedicado a Irma Seidler e o prefácio é uma carta ao melhor amigo de Lukács de então, Leó Popper – "Sobre essência e forma do ensaio. Uma carta a Leó Popper".[2] Não constitui propriamente um acaso que quase toda tentativa de interpretação da obra do jovem Lukács deve se relacionar a esses problemas biográfico-existenciais. Por meio de Rudolf Kassner, Sören Kierkegaard, Novalis, Theodor Storm, Stefan Georg, Charles-Louis Philippe, Richard Beer-Hofmann, Lawrence Sterne e Paul Ernst, Lukács fala de si mesmo e de sua relação amorosa com Irma Seidler que ele transforma em poesia. Aqui trata-se, antes de tudo, de mostrar a re-

---

1 Erich Auerbach (1988, p.273-4) chama a atenção sobre este capítulo: "'Descrevo a mim mesmo'. Montaigne não diz isto de forma imediata. Apresenta-o, pelo contraste com os 'outros', de forma mais enérgica e ... mais rica em nuanças do que o seria pelo enunciado direto. *Les autres forment l'homme, moy...*: aqui resulta que o contraste é duplo. Os outros formam, eu relato...; os outros formam 'o homem', eu relato 'um homem'" (cf. ed. bras. Auerbach, 1998, p.252).

2 É necessário ter como pano de fundo a vasta correspondência, publicada recentemente, entre Lukács e Popper para poder apreender a significação específica do ensaio como forma. Popper entende o ensaio como uma forma lírica, "porque ensaísta faz a mesma coisa que o poeta com as coisas, faz do poeta símbolo de si próprio" (Leó Popper, carta a Lukács de 5.6.1909 em Lukács, 1982, p.73). A publicação dos escritos de Popper e Lukács preenche uma lacuna na investigação do desenvolvimento intelectual de ambos. A coletânea contém cartas e fragmentos (Popper & Lukács,1993). O pequeno escrito "Diálogo sobre a arte" é um diálogo platônico entre interlocutores não nominados, o artista e o filósofo, que foi escrito em 1906 por Popper e Lukács. Esse texto foi também publicado em Popper (1987, p.7-14).

AS FORMAS E A VIDA **19**

lação entre forma e vida para compreender precisamente como o conceito de forma está profundamente enraizado até mesmo na vida "real" de Lukács. Ele mesmo enfatizou com freqüência a ligação direta entre o problema da forma de seu volume de ensaios, *A alma e as formas*, e Irma Seidler, como fica claro em uma carta a Leó Popper:

> Gostaria de dedicar, sobretudo a edição alemã do volume de ensaios, *abertamente* a Irma ... Do meu ponto de vista poderia ser um consolo, pois dá no mesmo, como tu escreveste então: Irma é o nascimento de tudo mesmo ainda hoje (divertido, o que constato em alguns casos atuais: até meus problemas de forma retornam a ela, mesmo quando está distante etc.) (Lukács, 1982, p.129)

Por que até em nossos dias a relação Irma Seidler e Georg Lukács desperta atenção mesmo para além da investigação especializada?[3] Em poucas palavras, trata-se não apenas de um caso representativo em que a mulher é sacrificada à obra do homem, mas também de um culto da obra, no qual a obra, a "forma", vale tudo e a vida nada. Para expressar à maneira dualista do jovem Lukács: a forma é o absoluto em relação à caótica vida cotidiana. E apenas por meio da forma é que a vida se torna dotada de sentido, por conseguinte também o amor – isto é, o amor é poetizado. O caso Irma Seidler-Lukács é conhecido: encontram-se pela primeira vez em dezembro de 1907; em maio de 1908 viajam juntos com Leó Popper a Florença; em novembro de 1908 Irma Seidler casa-se com o pintor Károly Réthy – o ensaio sobre Kierkegaard é escrito no ano seguinte –; em maio de

---

3 Refiro-me ao romance *Selige Zeiten, brüchtige Welt* (Frankfurt aM: Suhrkamp Verlag, 1994) de Robert Menasse. O próprio título é uma evidente citação extraída da *Teoria do romance*, que se inicia com as palavras: "Bem-aventuradas são as épocas...". A figura principal do romance, Leo Singer, é um estudante de filosofia, que escreve uma "teoria do romance" em São Paulo no final dos anos 60, enquanto a Faculdade de Filosofia da Universidade de São Paulo (USP) é ocupada pelo Exército Brasileiro (sobre a cultura filosófica dessa Faculdade ao longo dos anos 60, ver Arantes, 1994). Após o fracasso de sua carreira acadêmica, Leo Singer mata sua amada Judith Katz, para poder continuar a escrever um planejado livro sobre Hegel. Além desse pano de fundo jornalístico-historiográfico, Menasse configura uma paródia da relação Irma Seidler-Lukács.

20 CARLOS EDUARDO JORDÃO MACHADO

1911 ela suicida-se. Depois de sua morte, Lukács escreve o diálogo "Da pobreza de espírito" (julho de 1911). O que é representado como uma paródia da relação Irma Sedler-Lukács, no romance *Selige Zeiten, brüchtige Welt* [*Épocas bem-aventuradas, mundo frágil*] de Robert Menasse, foi na vida "real" de ambos trágico.

Para Irma Seidler era claro, desde o início, que seria impossível desenvolver um entendimento comum. Ela queixava-se de que ele evitava enviar-lhe uma carta, pois temia que ela lesse cada palavra de modo bem diferente do que foram escritas (cf. Lukács, 1982, p.31). Ao tentar esclarecê-lo sobre seu trabalho artístico, sabia de antemão que o que lhe dizia não lhe seria compreensível (cf. ibidem, p.42). No final de outubro de 1908 escreve-lhe uma carta de despedida:

> Gyuri, estivemos muito tempo juntos. Juntos no verdadeiro sentido da palavra; percorri uma etapa significativa na sua vida, na sua trajetória intelectual e você me ofereceu vivências anímicas – sobretudo aquelas do espírito. Decerto não estivemos juntos com todas as partes de nossa essência. Não estávamos juntos lá onde toco nas coisas tangíveis, em minha vida terrivelmente humana, feitas de sangue e matéria pulsante. (ibidem, p.44)

E continua:

> Você jamais me disse – e eu nunca soube direito e tive assim razões bem fundadas de supor o contrário – sim, também nunca soube, se você pensou *efetivamente* a respeito em unir minha vida à sua. Já que você nunca disse se era isso o que você queria, eu lhe peço hoje então que me dê de volta minha liberdade ... Eu me despeço, pois nós não podemos mais ir adiante juntos... (ibidem, p.45)

Irma Seidler já era consciente de que para seu amado ela jamais esteve presente como um ser de carne e osso, sendo para ele apenas um certo modo de vivência-forma intelectual. Logo depois de escrever essa carta de despedida, casou-se com o pintor Károly Réthy. Na ocasião ela tinha 25 anos de idade; Lukács, 23.

A carta-resposta desesperada de Lukács a ela endereçada nunca foi enviada. Ele lhe pedia insistentemente desculpas, como se a sua vida inteira lhe escapasse por entre os dedos:

AS FORMAS E A VIDA **21**

Quem poderia contar que este escrito seria o último, despedida definitiva (...perdoe-me, se suponho não obstante que seja um adeus, mesmo que sem eco). Perdoe-me se eu deixei na verdade de significar algo em sua vida – se é que algum dia signifiquei algo –, perdoe-me se sou apesar de tudo o único conteúdo de minha vida.

O desespero solipsista – "sem eco!" – de um jovem que não pode suportar esta vida sem sentido – vida "burguesa" –; de um homem cujo trabalho (obra) é a única possibilidade de alcançar uma vida dotada de sentido, vem à tona aqui:

> Eu trabalhava. E meu trabalho parecia ser de tal natureza que eu precisava acreditar que talvez pudesse me tornar algo ... e tive – e talvez isso tenha mantido a minha força – a inusitada esperança que, não sei quando, talvez pudesse haver uma pessoa que me entendesse, me amasse, de que eu pudesse ser o conteúdo vital e que minha vida talvez pudesse adquirir algum sentido ... Perdoe-me se superestimo o que fui para você. Não sei nada sobre isso e não quero pensar a respeito. Apesar de tudo acredito ter significado algo para você. (ibidem, p.46-7)

Lukács escreveu várias vezes: eu trabalho e por isso não preciso de ninguém. Como se pode ler numa carta a Leó Popper:

> O trabalho é o único caminho. Naturalmente o trabalho é apenas um caminho – porém um caminho peculiar ... Decerto o trabalho infatigável é necessário... O próprio trabalho efetivo não é valioso como trabalho ... mas como *ação, minha* ação. E – como Fichte reconheceu muito bem – eu torno-me apenas por meio do eu-ação, por meio de minha ação, eu. Para mim isso hoje significa o trabalho. (ibidem, p.175)

Se a vida pode significar algo apenas relacionada à obra, o que Irma Seidler podia significar para ele? Ele temia a vida de "carne e matéria pulsante", pois sentia assim sua obra ameaçada. Ele a censurava com freqüência, dizendo que ela não poderia entendê-lo:

> Há pessoas que compreendem e não vivem, e outras que vivem e não compreendem. Mas o primeiro tipo de pessoas não pode se dar de fato com o outro, apesar de poder entender porque o outro nunca poderá compreender, já que para o outro isso não possui nenhuma impor-

22 CARLOS EDUARDO JORDÃO MACHADO

tância, pois quer possuí-lo e para este a categoria compreensão não existe absolutamente. Cara senhora, a senhora não compreenderá isso e já que eu a desejo insistentemente, alegro-me também que não compreenda... (ibidem, p.107)

O discurso sobre gênero (*Geschlechterdiskurs*) adquire uma forma particular, que esquematicamente significa o seguinte: a amada representa "a vida" – "Irma é a vida", como anotou em seu Diário (Lukács, 1991, p.10). A mulher atende "ao apelo da grande vida simples" (Lukács, 1982, p.44); ela é a vida inteira. O homem separa vida e forma, cria o inequívoco das formas a partir do caos. Para o jovem Lukács a forma é em relação à vida "a única possibilidade". Mas essa vida tornou-se problemática e está subordinada às convenções, para ele a mulher não podia compreender esse limite da vida, isto é, que a "verdadeira" vida (obra) começa além da "vida".[4]

Como poderemos ver no ensaio "Da pobreza de espírito", as mulheres compartilham com a maioria dos homens o nível mais inferior em uma hierárquica ordem de castas humanas. Nas palavras de Christa Bürger: "O diálogo do jovem Lukács contém, talvez até contrariamente às intenções do autor, uma mitologia das diferenças de gênero (*Geschlechterdifferenz*)" (Bürger, 1996, p.9). Essa curiosa observação sobre Irma Seidler, como sendo uma mulher para a qual a categoria da compreensão não existe, evidencia também a dimensão limitada do discurso filosófico-literário no início do século XX em relação aos sexos (*Geschlechter*). Que se recordem os aforismos satíricos de Karl Kraus, o livro *Geschlechter und Charakter* [*Sexo e caráter*] de Otto Weiniger, os dramas de Strindberg ou a "Lulu" de Wedekind etc., para se dimensionar o que tentamos mostrar aqui: a mulher vale não como pessoa, mas como forma, como poesia.

Partindo de uma citação de Rudolf Kassner sobre Kierkegaard, Agnes Heller afirma com razão: "Lukács poetizou sua relação com Irma Seidler e a poetizou de novo e sempre".[5] Sua atitude é compa-

---

4 A respeito de discurso sobre gênero no jovem Lukács, ver "Liebesgeschichte –eine Seele sucht sich selbst" in Luckhardt (1994, p.133-42).

5 "Quase cada trecho de *A alma e as formas* é uma tal 'repoetização' (*Neudichtung*)" (Heller, 1977a, p.54).

AS FORMAS E A VIDA **23**

rável ao gesto de Kierkegaard em relação a Regine Olsen. A mulher deve pertencer a outro para ser amada como a amada de um trovador provençal. Lukács compreende a tensão entre amor e dor "ensaisticamente": sofre-se de algo quando surge a oportunidade. Para ele o amor platônico é uma analogia do "ensaístico". O amor é sacrificado por meio de uma ascese: um martírio – "o grande amor é sempre ascético". Lukács (1971a, p.51) toma como exemplo Friedrich Schlegel:

> Há pessoas, para as quais – para que possam crescer – tudo o que possa lembrar felicidade e luz do sol deve ser proibido para sempre. Karoline escreve certa feita sobre Friedrich Schlegel: "Muitos medram na repressão, a eles pertence Friedrich – destruiria apenas sua melhor característica se gozasse uma vez toda a glória do vencedor".

Mas significou Irma Seidler para ele algo como uma pessoa viva e não mera *aparência* (*Erscheinung*), simples *forma*? Não se colocou a si mesmo sempre e repetidamente como dever o veto – semelhante a Adrian Leverkühn no *Doktor Faustus* de Thomas Mann – "tu não deves amar"?[6]

Quando o jovem Lukács tenta apreender a atitude de Kierkegaard em relação a Regine Olsen está também, indiretamente, contrapondo sua relação com Irma Seidler, para chegar à decisão: ou a "vida" (o amor) ou "a" vida (a obra) – como já disse Margarete Susmann, ou "a formação da vida na vida ou na obra".[7] Kierkegaard decidiu-se pela "formação da vida na obra", o jovem Lukács também. Até mesmo quando escrevia cartas a Irma Seidler, fazia-o apenas

---

6 Como o próprio Thomas Mann (1993, p.97) escreveu sobre *A alma e as formas*: "não se deveria viver, precisar-se-ia morrer para ser um criador por inteiro".

7 Margarete Susmann (1992, p.18), em sua resenha sobre *A alma e as formas*, escreveu o seguinte: "A vida e o mundo histórico existem para ele [Georg Lukács] com uma intensidade infindavelmente grande como os místicos crédulos de épocas passadas: onde eles encontravam uma passagem mais indiferente ou mais superável para a eternidade significa para ele o lugar que ele mesmo produz, em que o eterno é produzido: matéria do absoluto como sendo a própria elaboração da vida: formação da vida na vida ou na obra – assim para ele as outras formas produzidas pelos outros homens, as quais contempla, tornam-se igualmente as únicas testemunhas da divindade na vida".

24 CARLOS EDUARDO JORDÃO MACHADO

para falar de sua obra, de suas "vivências intelectuais". Para Kierkegaard essa decisão foi o dever de viver uma vida segundo princípios poéticos, tal como Lukács (1971a, p.48) descreve a honradez de Kierkegaard: "O dever da decisão e o dever de ir-até-o-fim em cada caminho e em cada encruzilhada". Kierkegaard, ao romper o noivado com Regine Olsen, fez que o sentido da vida, por meio desse gesto, se tornasse inequívoco. Esse gesto de Kierkegaard é para Lukács paradigmático ao unir ética e estética. É uma tentativa de poetizar a vida, de estilizá-la e igualmente de realizá-la como um ato ético.

Segundo Kierkegaard (1993, p.399), a mulher possui – como se pode ler no *Diário do sedutor* – "fantasia, alma, paixão, resumidamente, todas as substancialidades, mas não reflete subjetivamente". Ela, como pessoa empírica, não vale nada. É apenas um *meio* que, como tal, é desinteressante: "Uma moça jovem só se torna interessante por meio da relação com homens" (ibidem, p.395).[8] O gesto de rompimento do noivado com Regine Olsen significou para Kierkegaard a recusa (*Verweigerung*) de uma vida pequeno-burguesa (*spiessbürgerlichen*) e filistina, de uma vida dominada pelas convenções, isto é, a recusa do casal convencional. Entretanto, Irma Seidler não era de modo algum convencional. Para Lukács ela era "a" vida e temia não por sua "vida", mas por sua obra.

Também no ensaio "Sobre nostalgia e forma" (Charles-Louis Philippe) de *A alma e as formas*, o sacrifício da mulher à obra do homem é de importância decisiva: trata-se do sacrifício do amor sexual que é sublimado por meio de uma ascese. "O grande amor é sempre ascético. Não há diferença se este ergue a amada às mais elevadas alturas e se é assim, para dela se estranhar, ou se ela é apenas usada como trampolim" (Lukács, 1971a, p.137). Regine Olsen e Irma Seidler foram estilizadas e usadas como trampolim, como meio para a obra. Como afirma o herói de "Da pobreza de espírito": "Ela teve

---

8 Karl Kraus (1986, p.183) não escreve nada diferente em "Pro domo et mundo" (*Die Fackel,* 1924): "Mulheres interessantes têm vantagem em relação às outras mulheres, pois podem pensar o que homens desinteressantes pensaram antes delas".

Figura 2 – Béla Balázs e Georg Lukács – (Fekete & Karádi, 1981, p.46).

26 CARLOS EDUARDO JORDÃO MACHADO

que morrer, para que com isso minha obra se tornasse perfeita, para que no mundo não me restasse outra coisa senão minha obra" (Lukács, 1990).

O gesto

O ensaio sobre Kierkegaard, "O despedaçamento da forma ao chocar-se com a vida: Sören Kierkegaard e Regine Olsen", expressa – por meio de sua incomum teoria do gesto – a unidade inseparável de forma, vida e questões existenciais no jovem Lukács. O ensaio começa com a questão do valor da forma como gesto na vida:

> O gesto é apenas aquele movimento que expressa claramente o inequívoco, a forma do único caminho do absoluto na vida; o gesto é o único que é completo em si mesmo, um efetivo (*ein Wirkliches*) e mais do que mera possibilidade. (Lukács, 1971a, p.44)

Com essa interpretação *sui generis* do gesto como "o único caminho do absoluto na vida", Lukács começa a desenvolver uma filosofia da ação. O gesto coloca uma "realidade verdadeira", o absoluto. Com isso a realidade "verdadeira" é colocada pela ação – o que é essencial para se apreender o conceito de forma de *A alma e as formas*. O gesto é uma forma, visto do ponto de vista estético, e ao mesmo tempo uma *ação* em sentido ético.

Aqui reside a particularidade da ética do jovem Lukács que permaneceu fragmentária. Ele tenta fundar uma ética por meio do conceito de forma, ou, expressando de outra maneira, projetar uma fundação ética da forma como filosofia da ação. Essa fundação ética da forma não resulta em um sistema filosófico como sua estética, mas em um ensaio; é unicamente por meio de um ensaio que o conceito de forma pode ser formulado: uma prova no sentido de uma ação, um gesto, uma atitude – paradigmático como uma obra de arte: o ensaio é um gênero artístico (cf. ibidem, p.7).

Se seguirmos os desdobramentos dos ensaios de Lukács, começando por aquele sobre Kierkegaard, em seguida "Metafísica da tra-

AS FORMAS E A VIDA **27**

gédia", passando pelo ensaio "Da pobreza de espírito" até as *Anotações sobre Dostoiévski*, torna-se claro o que entendo aqui sobre o conceito de forma como fundamento da ética de Lukács.

"Somente o gesto expressa a vida – mas uma vida pode se expressar?". Pergunta Lukács, em seguida, se há em geral uma tal possibilidade na vida, "possui o conceito de forma da perspectiva da vida um sentido em geral?" (ibidem, p.44). A pergunta pressupõe uma separação entre forma e vida; aquela é o absoluto, esta o indeterminado. Assim, já que o gesto coloca o absoluto na vida, a vida é colocada como forma de vida. Tem origem uma duplicação, um "salto", que pressupõe uma separação sem passagem entre vida e forma de vida. Entre vida e forma, realidade e possibilidade, matéria e ar, finito e ilimitado, há uma diferença abissal – uma fenda – que resulta em uma muda separação entre as partes. Uma tal interpretação dualista da relação entre forma e vida dificilmente pode ser caracterizada como dialética no sentido próprio da palavra (Rosa, 1974, p.83).

O jovem Lukács sempre enfatizou literalmente a existência de um abismo entre as formas e a vida. Ele próprio se orientava também mais intencionalmente pela questão ou-ou do que não-só-mas-também. Ele pensa a separação entre vida dotada de sentido e vida cotidiana (o mundo das convenções) mais sob a influência da filosofia da existência de Kierkegaard do que da dialética de Hegel.

A coletânea de ensaios *A alma e as formas* é decerto uma obra de transição. O jovem Lukács dá provas de que há um precipício entre o mundo do cotidiano e o das formas, que é sem transição e sem mediações. A ausência de mediações é expressa univocamente ao perguntar sobre a diferença entre vida e "vida":

> A única diferença existente entre vida e "vida" consiste portanto se uma é absoluta ou meramente relativa; em que os opostos excludentes estejam separados por linhas claras e para sempre, ou não estejam. Esta é a diferença: os problemas da vida são colocados na forma do "ou-ou", ou a efetiva expressão disto é "não-só-mas-também" quando os caminhos parecem se separar. (Lukács, 1971a, p.48)

28 CARLOS EDUARDO JORDÃO MACHADO

Quando Lukács narra o gesto de Kierkegaard em relação a Regine Olsen interpreta-o de "modo kierkegaardiano". O gesto de Kierkegaard é dramatizado pelo jovem Lukács. Este é interpretado como se fosse encenado em um drama expressionista. Desse modo, a questão do sentido da individualidade e do indivíduo isolado é representada de forma paradoxal. O gesto de Kierkegaard é "expressão" de um indivíduo solitário diante de uma vida tornada sem sentido. Seu gesto expressa "expressionisticamente" que a realidade se tornou irreal. A interpretação de Lukács do gesto de Kierkegaard apóia-se na arte expressionista de seu tempo.[9]

A figura de Kierkegaard é representada fora da história; sua relação com a vida cotidiana se efetua de modo tão abstrato e contraposto como em um drama de Georg Keiser. O apelo de Georg Keiser à "Renovação da humanidade": "a mais profunda verdade – a encontra sempre apenas um indivíduo" (apud Szondi, 1992, p.107) é comprável com a interpretação extremamente individualista do jovem Lukács da univocidade do gesto. O gesto é expressão do indivíduo isolado contra o mundo das convenções.

"Há que escolher uma das coisas diferentes, não há que encontrar 'caminhos intermediários' nem 'unidades superiores' que possam dissolver contraposições 'apenas aparentes'" (Lukács, 1971a, p.49). Lukács apropria-se das categorias de Kiergaard como "ou-ou", "paradoxo", "salto" etc. para compreendê-las em sua significação ética. "Decerto o sentido mais profundo da filosofia de Kierkegaard é este: colocar pontos fixos sob as transições constantemente oscilantes da vida e as diferenças de qualidade absolutas no caos em fusão das nuances" (ibidem, p.49).

De fato o jovem Lukács pretende tornar claro seu problema da forma: a forma como estética e a forma como ética. Formular um conceito de forma que é contraposto à vida cotidiana. A forma é o absoluto. Quando Lukács toma o autor de *Ou-ou* como fonte de sua interpretação da forma, pode-se considerar o ensaio sobre Kierkegaard de *A alma e as formas* como um dos primeiros textos a redes-

---

9 Sobre o expressionismo do jovem Lukács, ver Pullega (1981, p.7-50).

AS FORMAS E A VIDA **29**

cobrir o filósofo danês e a antecipar questões existenciais, já antes da eclosão da Primeira Guerra Mundial – um *proto-existencialismo*.[10] Em relação ao desenvolvimento intelectual de Lukács, a influência de Kierkegaard não pode ser subestimada, sobretudo quando Lukács tenta formular uma fundação ética do conceito de forma. Com sua interpretação do gesto, sob a influência de Kierkegaard, como sendo um grande instante na vida, um milagre vivido etc., Lukács antecipa já em 1910 aquela problemática político-existencial que vem à luz de modo enfático dez anos depois. Ao referir-se às típicas esferas de possibilidade (*Möglichkeitskreisen*) na vida, segundo Kierkegaard, "o estágio estético, ético e o religioso", prescreve para si mesmo na prática seu programa de vida – e não apenas do ponto de vista teórico. Ele sempre ressaltou o ensaio sobre Kierkegaard como chave interpretativa de *A alma e as formas* para se poder compreender seu conceito de forma.[11]

O gesto de Kierkegaard rompe com o mundo das convenções. Para viver segundo o modelo kierkegaardiano de uma vida poética, Lukács tenta elaborar um conceito de forma. O gesto coloca o absoluto na vida. Com essa colocação é criada uma "segunda" vida, que se contrapõe à "primeira" e a contradiz. Vem assim representada uma concepção extremamente dualista: vida, realidade, forma são duplicadas, na qual a forma desempenha o papel do absoluto. Ela causa não apenas a duplicação vida-vida, mas também a duplicação do sentimento e, conseqüentemente, do amor.

---

10 Essa conexão entre o jovem Lukács e a filosofia da existência foi levantada pela primeira vez por Lucien Goldmann na época (1950) em que o existencialismo era *up to date* na França (ver Goldmann, 1974, p.44; ver também a contribuição de Goldmann em *Kierkegaard vivant*, 1966, p.125-64). Sobre a influência de Kierkegaard na concepção filosófica do jovem Lukács, ver "Lukács Beschäftigung mit Kierkegaard" em Luckhardt (1994, p.157-67). O jovem Adorno (1933) refere-se de modo decisivo a esse ensaio de Lukács ao escrever sua crítica a Kierkegaard (ver Adorno, 1974).

11 Como se pode ler na carta endereçada a Leó Popper de 9 de outubro de 1910 (cf. Lukács, 1971a, p.150). Sobre o papel de Kierkegaard na fundação ética do conceito de forma no jovem Lukács, ver o capítulo conclusivo deste trabalho: "A estrutura da ética luciferina".

30 CARLOS EDUARDO JORDÃO MACHADO

Para Kierkegaard, a mulher salva o homem para fixá-lo na "vida". Kierkegaard recusa-se a deixar-se amarrar em uma tal finitude, pois para ele uma tal situação significaria um eterno oscilar em relação ao sentimento absoluto do religioso. Lukács (1971a, p.55) afirma que Regine Olsen nada mais foi para Kierkegaard do que uma etapa do percurso que "conduz ao templo de gelo do nada-senão-o-amor-de-Deus". O amor torna-se mais dotado de sentido por meio da poesia, isto é, por meio do sentimento absoluto do religioso – como Lukács interpreta o "sedutor platônico" do *Diário do sedutor*:

> O erótico, o belo, que culmina no gozo do estado anímico, colocado como concepção de mundo e apenas como concepção de mundo ... O sedutor em forma abstrata que não necessita mais do que a possibilidade de uma sedução, uma situação que ele provoca e desfruta, sem necessitar realmente das mulheres como objeto de prazer. A idéia platônica do sedutor, que profundamente é apenas tão sedutor que nem mesmo o é realmente, que está tão distante de todos os seres humanos, e espiritualmente tão acima deles, que o que quer deles já não o alcança mais ou se o alcança repercute em sua vida como acontecimento elementar incompreensível. (ibidem, p.56-7)

O jovem Lukács compara a atitude de Kierkegaard com aquela das poesias que exaltam a amada dos trovadores provençais:

> a mulher tinha que pertencer a outro, para ser o ideal, para ser amada com verdadeiro amor. Mas a fidelidade de Kierkegaard era ainda mais profunda que a dos trovadores e por isso mesmo ainda mais infiel: também a mulher mais profundamente amada era apenas um meio, apenas um caminho até o grande amor, até o único amor absoluto, até o amor de Deus. (ibidem, p.55)

A moça abandonada consolou-se, depois da dissolução do noivado, e reencontrou-se na vida novamente: Regine Olsen tornou-se esposa de um antigo admirador. Ele, em contrapartida, não. Sob a máscara do sedutor, Kierkegaard viveu como um tipo bizarro e esquisito que publicou seus escritos sob pseudônimo. Kierkegaard almejava com seu gesto que Regine Olsen não sentisse nenhum ódio

AS FORMAS E A VIDA **31**

por ele, para salvá-la (cf. ibidem, p.56). "Kierkegaard foi trovador e platônico, e ambos romântica e sentimentalmente" (ibidem, p.54). O sedutor era apenas uma máscara, um gesto em relação à amada, e um encontro poderia destruir tudo. Ele não a amava como ela era, mas como a representava enquanto forma. Não há conexão entre a mulher viva e empírica e a sua forma representada. O que tem a ver com a natureza mesma do gesto que rompe com a ambigüidade caótica da vida cotidiana e engendra a univocidade do gesto. Este deve permanecer um mal-entendido – o gesto é um "mal-entendido" (*Missverständnis*) em relação à vida cotidiana.[12]

A forma, ao tocar a vida, produz "mal-entendido". O mal-entendido ressalta o caráter irreconciliável da forma em relação à vida cotidiana. Lukács (1971a, p.59) afirma: "O único que a pureza preservada do gesto externamente – de um modo ou de outro – pode conseguir é que cada um dos dois implicados interprete necessariamente mal o que sobressai desta univocidade no outro".

O mal-entendido é o pressuposto para a pureza unívoca do gesto, é a condição da possibilidade do gesto enquanto forma. A monumentalidade do gesto pode permanecer apenas unívoca em relação à vida. Se o gesto é entendido como algo diverso do que este significa imediatamente, desaparece a sua univocidade. A univocidade do gesto deve ser mal-entendida para ser um gesto enquanto tal.

---

12 Lukács está bem próximo do pensamento de Leó Popper sobre a "teoria do mal-entendido" ao tentar extrair suas conseqüências filosófico-sistemáticas. Em sua *Filosofia da Arte de Heidelberg* desenvolve um conceito "forte" de forma. O "mal-entendido" – como este conceito é interpretado no capítulo "A arte como 'expressão' e as formas de mediação da realidade vivida (*Erlebniswirklichkeit*)" – é a única forma de mediação possível na realidade vivida. Segundo Weisser (1992, p.26): "Lukács e Popper apropriam-se deste teorema de Lublinski e transformam-no como 'mal-entendido produtivo' em elemento central de suas teorias da arte". Mas para pensar o mal-entendido como forma de mediação, Lukács deixa-se inspirar diretamente na filosofia de Kierkegaard. Ainda sobre a estética da juventude de Lukács, ver Markus (1975, p.253-78) e (1977b, p.192-240); Tertulian (1980); Rochlitz (1983, p.140-55); Jung (1981); Puhovski (1986, p.61-8). Discuti esquematicamente a "teoria do mal-entendido" em meu *"Exposé"* (publicado em Besenler & Jung, 1997, p.51-78).

32 CARLOS EDUARDO JORDÃO MACHADO

Onde começa a psicologia acaba a monumentalidade, e a univocidade não é senão expressão modesta da aspiração à monumentalidade. Onde começa a psicologia deixa de haver atos e apenas motivos para atos ... Se a psicologia domina na vida, deixa de haver gestos que abarquem em si a vida e as situações. Pois o gesto apenas pode permanecer inequívoco na medida em que a psicologia é de tipo tradicional. (ibidem, p.60)

Essa forma colocada de um gesto é uma tentativa de poetizar a vida, de estilizar e ao mesmo tempo de realizar um ato ético. Lukács formulava nesse período sempre a mesma questão: como se podem criar formas em um mundo caótico, prosaico, abandonado pela cultura? O gesto não conhece justificação nem moral nem teórica – é um monólogo solipsista. É uma decisão, uma atitude que não precisa de esclarecimento, que é clara e tudo expressa. No entanto, como é possível fundar eticamente o conceito de forma por meio de um tal decisionismo radical? O dever da decisão e o dever de "ir-até-o-fim" são critérios para justificar eticamente uma ação? O gesto coloca uma "segunda" (metafísica) realidade que impõe à vida uma forma – a decisão que se justifica a si mesma. Não conhece justificação nem teórica nem moral.

A situação da decisão é o grande instante na vida – um "salto". O gesto é um conhecimento peculiar, que se transforma em ação (*Tat*), que representa uma subjetividade que abandonou o meramente discursivo do conhecimento. É uma consideração peculiar do homem, que se transforma em uma "intuição intelectual", conforme Lukács a interpreta apoiado nos heróis de Dostoiévski.

A teoria do gesto de *A alma e as formas* pode ser vista como o fio da meada que perpassa a obra de juventude de Lukács de modo transverso; por exemplo: no modo de agir do gênio e no conceito de "intuição intelectual" – as categorias fundantes de sua *Filosofia da Arte de Heidelberg;* o "gnóstico da ação" e os "homens da bondade (*guten Menschen*)" de seu diálogo "Da pobreza de espírito"; a "ação heróica rápida" de um terrorista (os portadores da "segunda" ética) nas *Anotações sobre Dostoiévski.*

AS FORMAS E A VIDA **33**

Seguindo a tradição do idealismo alemão, Lukács pensa o "gesto" como um "agir da inteligência" (*Handeln der Intelligenz*) (Fichte),[13] como um *fazer* (*Tun*), como uma determinada "colocação" (*Setzung*). É desse modo que a forma como "gesto" é compreendida no programático ensaio sobre Kierkegaard e é também como "colocação" que é determinada a forma enquanto arte, como Lukács escreveu seis anos depois em sua estética sistemática – "A essência da colocação estética" [*Das Wesen der ästhetischen Setzung*] na *Heidelberger Ästhetik (1916-1918)*. Esse modo fora do comum de uma colocação não é para ser entendido apenas como um ato da reflexão como na *Doutrina da ciência* de Fichte, mas também como uma "filosofia da ação" (*Tat*) que deixou para trás o caráter meramente discursivo do conhecimento.

Se aceitarmos a definição do jovem Lukács como um "romântico consumado" (cf. Kruse-Fischer, 1991), não é mero acaso que a filosofia da ação do jovem Lukács tenha como modelo a filosofia de Fichte. Mas enquanto a representação da teoria do conhecimento do romantismo tem por base o paradoxo da consciência exposta por Fichte (cf. Benjamin, 1980a), em Lukács esta constitui o fundamento de sua filosofia da ação.

Essa peculiaridade da fundação ética do conceito de forma significa: a ação é uma colocação de uma vida "viva" (*lebendiges Leben)* que está muito distante do eu abstrato. Uma vida "viva" está além da vida caótica e aquém de uma autocolocação abstrata. A filosofia da ação do jovem Lukács não tem nada a ver com o eu que se coloca a si mesmo como um mero ato intelectual da consciência, como é o caso do "estado de ação" (*Tathandlung*) de Fichte: um eu abstrato, nas palavras de Hegel, o qual o filósofo observa e ao mesmo tempo é a observação do filósofo.[14]

---

13 "O idealismo elucida … as determinações da consciência a partir do agir da inteligência" (Fichte, 1984, p.23).

14 Como se sabe, já o jovem Hegel criticou agudamente a abstratividade do eu fichtiano, que se coloca a si mesmo e que não conhece nada mais que a si próprio, como sendo a "mais elevada tirania" [*die höchste Tyrannei*] em seu escrito *Differenz des Fichteschen und Schellingschen System der Philosophie* (1801).

34 CARLOS EDUARDO JORDÃO MACHADO

No jovem Lukács, o gesto coloca uma "verdadeira realidade", o absoluto. O gesto é uma "decisão" que impõe uma forma à vida – um "salto". O gesto como decisão é vivido. O esteta, no ensaio sobre Kierkegaard, encontra esta pessoalmente (existencialmente) na vida como indivíduo isolado ("recluso" [*verschlossenes*]) e transgride com isso a vida habitual: sua decisão está além das convenções e se justifica a si própria. O que caracteriza uma tal decisão, do ponto de vista teórico-jurídico, quando esta, *mutatis mutandis*, é assumida pelo Estado na vida cotidiana? Segundo a linguagem jurídico-filosófica de Carl Schmitt esta significa um "estado de exceção" (*Ausnahmezustand*), na linguaguem estético-ética do jovem Lukács, a decisão aparece como um grande instante (o absoluto) na vida – um milagre. Quando o esteta do ensaio sobre Kierkergaard se decide ou o delinqüente das *Anotações sobre Dostoiévski*, decide também um soberano – em linguagem teológica – "Deus".

Como mostrou Peter Bürger (1992, p.127) em relação à significação do gesto na obra de Michel Foucault: "Aqui reside sua proximidade [a concepção de Lukács] com a categoria da decisão em Carl Schmitt. 'A decisão se faz livre de qualquer vínculo normativo e torna-se, em sentido próprio, absoluta', como é formulado na *Teologia política* (1922) de Schmitt" (1990, p.19). Em ambos, a "realidade", a vida comum, é representada como caos, como diz Peter Bürger em *Prosa da modernidade* [*Prosa der Moderne*] (Bürger & Bürger, 1988:

> Assim como Lukács compreende o mundo como caos, como "anarquia do claro-escuro", Schmitt, apoiado em Hobbes, o compreende como guerra de todos contra todos. E como Lukács vê a verdadeira vida no grande instante, que oferece conteúdo ao ir-e-vir sem fim da vida, Schmitt destaca a significação política do estado de exceção, no qual decide quem é soberano.

Anteriormente, Peter Bürger havia visto de modo diferente essa semelhança provocativa entre o "anticapitalismo romântico" do jovem Lukács e o teórico do estado, o conservador Carl Schmitt. Para ele, o conceito de forma em Schmitt não tem nada em comum com a tradicional forma estética, como é o caso de *A alma e as formas* como um princípio dinâmico: configuração e formação (*Gestaltung und Formung*) (Bürger, 1986, p.171). Essa mudança de interpretação resultou muito provavelmente de sua leitura das *Anotações sobre Dostoiévski*, as quais dão voz a uma exaltação do criminoso. Vamos tentar esclarecer essa conexão, que não representa apenas uma analogia, mas que caracteriza uma constelação de época. Trata-se da questão sobre o conceito de forma como conceito nuclear do ético à época anterior e posterior à Primeira Guerra Mundial. Por meio de sua formulação estética do problema, Lukács tenta fundar uma ética mediante o conceito de forma ou formular eticamente a categoria estética forma, e por isso mesmo está adiante de seu tempo. Essa fundação ética da forma é pensada histórico-filosoficamente nas *Anotações sobre Dostoiévski* como uma "metafísica do socialismo". A "ação heróica rápida" de um terrorista não necessita de nenhuma fundamentação (*Begrundung*), nenhuma justificação (*Rechtfertigung*). E seu estado de ação é expresso em Lukács por meio de um dilema moral: "não se deve matar, mas é necessário".

Lukács ainda não possuía a ferramenta teórica para pensar uma ética além da reificação. O decisionismo da "segunda" ética orienta-se contra o estado e as formações derivadas do espírito objetivo – o que não é de modo algum o caso de Carl Schmitt.

Ou formulando de outro modo, com a separação entre forma e vida da coletânea de ensaios, Lukács dá um passo adiante para entender o problema da totalidade e da narração como protoforma de sua teoria da reificação. Sua filosofia da ação decisionista não pode ser separada de sua análise formal dos romances de Dostoiévski, diferentemente de Carl Schmitt que tenta fundar, partindo de questões político-teológicas, uma representação do político como forma e por conseguinte formular por meio da forma estética um conceito do político.

Em ambos, o conceito de forma é colocado por meio de uma decisão motivada existencialmente, mas com colocação de fins políticos inteiramente diferenciados. Lukács posteriormente (depois dos anos 30) passou a aproximar o "anticapitalismo" de sua primeira

36 CARLOS EDUARDO JORDÃO MACHADO

concepção da realidade como caos da concepção de mundo (*Weltanschauung*) –"irracionalista" das vanguardas.[15]

Em contrapartida, quando Carl Schmitt se remete a conceitos teológicos como "milagre", o "absoluto", "deus" etc., isso ocorre de modo unívoco, como já anuncia o título de seu livro *Teologia política*, em relação à soberania. Já a primeira frase lapidar do livro a define para o leitor em um estilo incisivo, claro e sintético: "Soberano é quem decide em um estado de exceção" (Schmitt, 1990, p.11). Soberania, estado de exceção e decisão estão desde o início entrelaçados um ao outro – são três elementos de uma *quasi* composição estética. O estado de exceção não está relacionado com a situação normal, mas com uma "situação-limite", que não pode ser circunscrita de modo objetivo (ibidem). O estado de exceção torna-se uma "questão existencial" – que naquela época era uma questão de atualidade extraordinária (Krockow, 1990; Lowith, 1960a; Bohrer, 1978 e 1989; Bolz, 1991; Habermas, 1995, p.112-22).[16]

Para Carl Schmitt (1990, p.11), trata-se aqui de uma "situação-limite".

> Esta definição pode justificar por si o conceito de soberania como uma situação limite. Pois situação-limite não significa um conceito confuso ... mas um conceito de uma esfera extrema ... A decisão sobre a exceção é sobretudo em sentido eminente decisão.

Essa decisão "faz-se livre de qualquer vínculo e torna-se em sentido próprio absoluta".[17] Na verdade, ele quer renovar a racionaliza-

---

15 Ver "Es geht um Realismus" ["Trata-se do realismo"] (1936) em Lukács (1971c, p.324). Ocupei-me detidamente da crítica de Lukács dos anos 30 às vanguardas em meu mestrado sob a orientação do Prof. Paulo Eduardo Arantes. Parte deste trabalho foi publicada como livro, incluindo traduções de Bloch, Eisler, Brecht, como deste texto acima de Lukács (ver Machado, 1998).

16 Sobre "existencialismo político", ver Tholen (1993).

17 Schmitt critica com esta tese o estado de direito do liberalismo, sobretudo como essa vem exposta na obra de Hans Kelsen. Com esta dá continuidade em *Teologia política* ao que havia iniciado em seu livro sobre a *Diktatur* (1921). Nesse livro, Schmitt trata de entender em autores do direito natural no século XVII

AS FORMAS E A VIDA **37**

da política moderna, na qual o estado é representado como "grande empresa" (*grosser Betrieb*) (Weber), com categorias pré-modernas (teológicas); em outras palavras, ele tenta propor por meio do conceito de forma uma política estetizada. Com isso formula passo a passo como teórico do estado de exceção o programa da assim chamada "revolução conservadora", entendida como resposta à ameaça da revolução proletária. Em Carl Schmitt é formulada clara e programaticamente uma "metafísica do estado" (autoritário, isto é, fascista).

A decisão do soberano transgride a mera forma discursiva da regularidade, salta das "necessidades de circulação" (*Notwedigkeiten des Verkehrs*), do nada, e impõe à vida uma forma – como a ação de um gênio:

> Observada a partir do conteúdo das normas fundamentais cada momento de decisão específico e constitutivo é algo novo e estranho. A decisão é, considerada normativamente, nascida de um nada. A força justa da decisão é algo diverso do resultado da fundamentação. Não é calculada com ajuda de uma norma, mas ao contrário... (Schmitt, 1990, p.42-3)

A decisão é encontrada não com a ajuda de uma norma, mas origina-se do nada – ato ditatorial que se autojustifica.

Segundo Carl Schmitt, a decisão é uma forma como aquela do gesto do ensaio sobre Kierkegaard de *A alma e as formas*: um estado de ação (*Tathandlung*) decisionista – isto é, uma forma colocada de modo impositivo na vida que se autojustifica. Expressando de outro modo: por meio do conceito de forma é pensada uma ética "esteticizante" (e, conseqüentemente, a política) – altamente problemáti-

---

(sobretudo Hobbes) a questão da soberania como uma decisão sobre uma situação de exceção. Aqui trata-se também da definição de soberania, que não é limitada normativamente por uma constituição, ao contrário: o soberano torna-se literalmente a incorporação de deus. Apenas um tal soberano decide, mesmo que domine ou não uma situação normal. Ele possui o monopólio da decisão da sociedade e, conseqüentemente, é "o poder não derivado, mais elevado e juridicamente independente" (Schmitt, 1990, p.26).

Figura 3 – Lukács (1911) – (Fekete & Karádi, 1981, p.52).

ca.[18] Peter Bürger (1986, p.174) enfatiza claramente a interpretação esteticizante de Carl Schmitt da forma jurídica.

O prazer estético pela exceção, na qual, são ultrapassadas as categorias ordenadoras do entendimento, torna-se o fundamento de uma teoria que tem como meta a configuração da realidade. No sentido desta transferência é apenas conseqüente que Schmitt pretenda extrair as categorias estéticas do "novo e estranho" da decisão, que é pensada como ato absoluto segundo o modelo do ato livre do artista genial.

O milagre

No ensaio sobre Kierkegaard em *A alma e as formas*, Lukács (1971a, p.49-50) interpreta as grandes esferas de possibilidade na vida analogamente a Kierkegaard como "o estágio estético, ético e

---

18 Sobre a estetização fascista da política, ver Benjamin (1980c, p.431-70).

religioso. E cada uma delas está com precisão ilimitada separada uma da outra e a ligação entre elas é o milagre, o salto, a súbita metamorfose da essência inteira de um homem". O "milagre" é a ligação entre esferas separadas e vida. Lukács apropria-se dos três estágios separados de Kierkegaard para construir o seu sistema filosófico ainda não desenvolvido – sua estética e sua ética.

O conceito de forma não é pensado, portanto, apenas como fundamento de sua estética, como já foi demonstrado, mas também de sua ética. A forma colocada é uma ação em sentido ético que é vivenciada como uma "súbita metamorfose" – um milagre. Essa metamorfose, que transforma a irrealidade em realidade, na qual muda subitamente o indeterminado em determinado, é um salto, o qual dissolve a empiria da Vida e instaura A vida – um milagre,[19] isto é uma colocação da forma na vida.

No ensaio "Metafísica da tragédia", com o qual fecha a coletânea de ensaios *A alma e as formas*, a colocação da forma é interpretada claramente como "milagre" tal como representada no drama trágico: "O milagre é, no entanto, o determinante e o determinado: irrompe pela vida adentro, casualmente e sem conexão, e dissolve implacavelmente o todo em uma clara e unívoca direção"(Lukács, 1971a, p.220). O milagre é a colocação de uma "unívoca direção" na vida, a colocação de uma outra vida. O herói trágico vivencia o milagre como um grande instante. Na "Metafísica da tragédia", Lukács representa a tragédia como paradigma da forma literária. O drama trágico é desviado das determinações histórico-sociológicas e é pensado antes de tudo como "valor" até o fim.[20] Antes de tudo, cabe esclarecer de que modo Lukács transpõe o conceito místico-teológico de milagre para a sua teoria do herói trágico.

---

19 Em sua "visão de mundo" anticapitalista desesperada do período, Lukács (1991, p.7) esperava por um "milagre" – como se pode ler em seu Diário: "Pudesse eu evocar um dia um milagre ou talvez ver um milagre?".

20 Quando, em 1914, uma parte de seu livro sobre o drama é traduzida para o alemão, Lukács (1981a, p.571) chama a atenção, em suas observações preliminares, "para uma sociologia do drama moderno", para a particularidade do procedimento do drama trágico em "Metafísica da tragédia".

40 CARLOS EDUARDO JORDÃO MACHADO

A vida verdadeira é sempre irreal, sempre impossível para a empiria da vida. Algo brilha, reluz como um relâmpago por cima de seus atalhos banais; algo destruidor e atrativo, perigoso e surpreendente, o acaso, o grande instante, o milagre ... Deve-se cair na apatia (*Dumpfe*), deve-se negar (*verleugnen*) a vida para se poder viver. (Lukács, 1971a, p.220)

O grande instante é o milagre que rompe com a empiria da vida para poder se vivenciar (*erleben*) a "verdadeira" vida. Apenas o herói trágico vive esse instante. Lukács transpõe a vivência do místico na vivência da forma estética. O drama trágico é o milagre criado pela forma, o ponto culminante do existente (*Dasein*), sua última fronteira. O milagre é pensado pelo jovem Lukács como forma da arte – a tragédia.[21] Mas a vivência mistico-trágica e a vivência da essência do místico não são idênticas, apesar de ambas estarem contrapostas em relação à vida cotidiana como absoluto:

O cume do ser, aquele que vivencia os êxtases místicos, desaparece no céu de nuvens da unidade de tudo (*All-Einheit*); a potenciação da vida que eles trazem funde as vivências com todas as coisas e todas as coisas umas com as outras. Apenas quando toda diferença desaparece para sempre começa o verdadeiro existente do místico; o milagre que criou seu mundo deve destruir todas as formas, pois sua realidade, a essência, vive apenas detrás delas, mitigada e oculta por ela. A essência do trágico é uma criação de forma (*Formschaffendes*)... (Lukács, 1971a, p.229)

Com motivos kierkegaardianos Lukács apropria-se da antiga mística alemã e da chassídica para formular um conceito de forma, que não é apenas forma no sentido estético como compreende sua teoria do drama trágico, mas também funda uma "meta-ética" além

---

21 Lukács entende a imanência da forma artística em uma tragédia de modo místico, como mostrou corretamente Rochlitz (1983, p.104): "A tragédia lukácsiana anuncia a imanência da forma romanesca; ela é mística, porque tal é o caráter do encontro entre os heróis e o destino; e o Deus é impossível, porque a afirmação de si 'luciferina' é a única via para o encontro da 'essência' onde se rompe a subjetividade".

AS FORMAS E A VIDA **41**

da ética do dever. Para lançar luz em relação a uma constelação de época é, sem dúvida, uma tarefa importante investigar a propagação do pensamento místico antes e depois da Primeira Guerra Mundial sob a forma de categorias da filosofia da vida (*Lebensphilosophie*) (como "vida", "vivência") e de categorias existenciais.

Franz Rosenzweig, por exemplo, tenta fundar, em seu livro *A estrela da redenção* [*Der Stern der Erlösung*] (1921), uma "metafísica", uma "metaética" e uma "metalógica". Para Rosenzweig o milagre é "o filho dileto da fé". Deve-se observar que o "milagre" não é apenas "vivido", como em Lukács e Kierkegaard, mas é também a ligação entre as diferentes esferas. Assim como em Rosenzweig o milagre liga vida e "metaética", no jovem Lukács é semelhante, este conecta vida e "segunda" ética. Embora não se devam perder de vista as diferenças teóricas entre Rosenzweig e Lukács (por exemplo, o conceito de forma é apenas um coadjuvante na filosofia de Rosenzweig; o significado da tragédia etc.), há decerto suas semelhanças, em sentido geral, como a influência de Kierkegaard, da *Lebensphilosophie*, para não falar da mística chassídica. O conceito de milagre é teologicamente atualizado por Rosenzweig (1993, p.103) com questões histórico-filosóficas:

> que nós mal queremos ainda crer que houve um tempo, e que este não transcorreu há muito, onde o milagre era não um embaraço (*Verlengenheit*), mas sim o contrário, o camarada (*Bundesgenosse*) da teologia. O que ocorreu no intervalo? E como ocorreu?[22]

A colocação da forma como ação instaura uma "segunda" realidade que dissolve a empiria da vida. Essa ação estético-ética é uma transposição da teoria da ação da mística neoplatônica em uma relação extremamente existencial-individualista. A teoria do gesto de Lukács, sua interpretação do herói trágico e dos romances de Dostoiévski são exemplos disso.

---

22 Sobre o significado da filosofia de Rosenzweig, ver Löwith (1960b, p.66-92); Moses (1982 e 1987, p.73-111) e Rahel-Freund (1979).

42 CARLOS EDUARDO JORDÃO MACHADO

A forma salta fora da vida para criar vida. Esse salto é um milagre que é vivenciado como a idéia (*Vorstellung*) de um "deus oculto" (*verborgenen Gottes*). É como vivência de um grande instante, uma duplicação que se desdobra para fora do cotidiano. "A vivência está oculta em cada vivência da vida como abismo perigoso e ameaçador, como porta da sala do juiz" (Lukács, 1971a, p.224). Lukács tomou conhecimento da tradição da mística chassídica por intermédio de Martin Buber. Leu na época algumas obras de Buber, como as *Confissões estáticas* [*Ekstatiischen Konfessionen*] e o *Baalschem* e *Rabbi Nachmann*. Chegou até mesmo a resenhar estas duas últimas obras.

O jovem Lukács compara a leitura do Antigo Testamento feita por Baalschem com aquela feita por Meister Eckhart do Novo Testamento: uma interpretação livre na qual os escritos constituem apenas material para criar novos símbolos. Baalschem e sua escola teriam ensinado e expressado o mesmo que Plotino, Eckhart e Jacob Böhme; neles encontrar-se-ia uma concordância extraordinária com todas as tradições da velha mística. Para Lukács (1981d, p.121-2), a relação entre Rabbi Nachmann e Baalschem recorda em muitos aspectos aquela entre Heinrich Seuse e Meister Eckhart.

"A sabedoria do milagre trágico é a sabedoria dos limites. O milagre é sempre o unívoco, ou cada unívoco separa-se e sabe-se em duas orientações de mundo" (Lukács, 1971a, p.130). Ao determinar na "Metafísica da tragédia" a diferença entre a vivência trágico-mística e o êxtase místico, Lukács tem como pano de fundo o ensaio de Martin Buber, *Confissões estáticas*, que não é, no entanto, citado diretamente, mas que possui uma afinidade contemporânea que salta aos olhos. Ambos estavam sob a influência do expressionismo, cuja arte foi bem marcada pela mística. Também a utilização de determinados conceitos da filosofia da vida, como "vida" e "vivência", e sobretudo a redescoberta de Kierkegaard aproximam ambos os autores.

Buber queria publicar o ensaio sobre Kierkegaard separadamente na revista *Gesellschaft*, na qual ambos colaboravam, o que não aconteceu (Lukács, 1982, p.205). O próprio Buber ficou bem im-

AS FORMAS E A VIDA **43**

pressionado pela teoria do gesto de Lukács, como se pode ler em sua carta a Lukács:

> Eu acho que ele é [o ensaio sobre Kierkegaard] sumamente claro e firme na formulação, delimitação, ligação; o que me marcou de modo mais feliz foi a discussão sobre a escolha e sobre a psicologia. O senhor aproximou-se decerto do problema como nenhuma investigação anterior. (ibidem, p.204)

O filósofo danês representa uma fonte para ambos os autores, da qual podiam extrair não apenas questões existenciais, mas da qual também podiam desenvolver um "novo pensamento" (Rosenzweig). Aqui torna-se visível uma determinada constelação de época que, com a eclosão da Primeira Guerra Mundial e logo após, vai assumir uma configuração radicalmente diferente no que se refere aos conteúdos ético e estético (Schnädelbach, 1989).

Segundo Martin Buber (1984, p.XXVIII), no êxtase místico é vivenciado também o querer-dizer do indizível. Essa vivência situa-se além da experiência. A êxtase, segundo sua essência, é "o impronunciável" (*das Unaussprechliche*): "Ela é assim, porque o homem que a vivencia torna-se uma unidade na qual não entra mais dualidade alguma". O que é vivenciado na êxtase mística é a "unidade do eu" como absoluto, como indizível:

> Sua unidade não é relativa, não limitada por outro, é sem limites, pois é a unidade do eu e do mundo. Sua unidade é a solidão, a solidão absoluta: a solidão daquele que é sem limites ... mas que não tem fora de si nenhuma comunidade. (ibidem, p.XXXI)

A êxtase mística situa-se no limite, é caracterizada por meio da solidão e da reclusão (*Einschlossenheit*) absolutas. O que é vivenciado é o ilimitado, uma unidade que exclui qualquer dualidade. No instante em que se expressa a êxtase mística, desaparece o que o místico vivenciou como a unidade fechada do eu. Segundo Buber: "Logo que esta diz, diz já algo diferente" (ibidem, p.XXXII). A vivência do êxtase místico é como uma mônada sem janelas, unívoca e sem comunicação com a empiria da vida. O que está de acordo com o paradoxo representado no drama e na tragédia em relação à questão do ser e da essência como forma da "Metafísica da tragédia". A solidão indizível do herói trágico é pensada sem exceção como configuração (*Gestaltung*). Sua solidão aproxima-se da do místico:

> Palavras e gestos são sua vida, mas cada palavra que dizem e cada gesto que fazem é mais do que uma palavra ou gesto; todas as exteriorizações de sua vida são apenas cifras das conexões últimas, sua vida é uma pálida alegoria de suas próprias idéias platônicas. (Lukács, 1971a, p.223)

A ausência de comunicação com o outro e assim a alcançada univocidade é comparável com o gesto que de qualquer modo não possibilita diálogo algum com o outro. Ela (a ausência) configura uma maneira particular de solipsismo que Buber caracteriza como o solipsismo do místico:

> Eu creio que a mística deve ser caracterizada como solipsismo religioso ... Parece-me que a mística nega muito mais toda comunidade, não como se lutasse, não se contrapõe a ela, como as seitas, mas nega e na verdade porque há para ela apenas uma real relação, a relação do indivíduo com deus ... todo crente (permanece) aqui inteiramente isolado em sua crença e não tem nada a ver com o outro a não ser com seu deus.[23]

A ética da bondade (*Güte*)

O ensaio "Da pobreza de espírito. Um diálogo e uma carta" (*Von der Armut am Geist. Ein Gespräch und ein Brief*) foi publicado, em 1912, na revista *Neue Blätter*, de pequena edição, e nunca foi incluído em um livro. Lukács escreveu-o logo após o suicídio de Irma Seidler. Esse ensaio possui uma significação-chave para poder apreen-

---

23 "*Verhandlungen des Ersten Deutschen Soziologentages*" (outubro de 1910). Tübingen. "*Diskussion zu den Referat von Ernst Troeltsch*" (apud "*Nachwort von Paul Mendes-Flohr*" em Buber, 1984, p.248).

Figura 4 – Projeto de capa de Irma Seidler para o livro de ensaios *A alma e as formas* (Fekete & Karádi, 1981, p.53).

der a forma como conceito nuclear de uma ética no jovem Lukács. Não por acaso, "Da pobreza de espírito" é seu escrito mais "subjetivista" (Heller, 1974).[24]

Segundo o modelo da filosofia de Kierkegaard, os estágios estético, ético e religioso são fortemente impregnados por uma reflexão existencial voltada para o si (das Selbst). Cada contato entre esses estágios e a vida é representado por meio de uma contraposição extrema e dramática à maneira expressionista. Um amplo entrelaçamento de problemas místicos, estéticos e éticos dá origem a um ensaio bastante difícil de decifrar – talvez resida aí sua força de atração irresistível. A linguagem da mística não corresponde à tentativa de uma interpretação das religiões nem sistematicamente nem de modo histórico-filosófico. Quem diz, "eu sou a verdade", não é mais deus, mas a "luciferina" forma da arte.[25] Por meio do conceito de forma são colocados um ao lado do outro: a mística neoplatônica, o idealismo alemão e os heróis de Dostoiévski. Por intermédio do esforço desesperado do autor por uma auto-reflexão, coincidem as esferas estética, ética e existencial.

O título do ensaio é uma reconhecida citação do Livro do consolo divino [Buch der göttlichen Tröstung] de Meister Eckhart, que interpreta a conhecida passagem do Sermão da Montanha sobre a "Pobreza de espírito":

> Bem-aventurados os pobres de espírito, isto é, de vontade; por isso pedimos a Deus que "seja feita a sua vontade aqui na terra", isto é, em nós, "como no céu", isto é, em Deus mesmo. Um tal homem está de tal modo ligado à vontade de Deus, que ele quer tudo o que Deus quer e do modo como Deus quer. E assim, se Deus de algum modo queira, que eu cometa um pecado, mesmo que eu não quisesse, eu não o teria cometido ... logo para mim o pecado é um sofrimento sem sofrimento. (Eckhart, 1963, p.477)

---

24 Sobre este texto, ver Dannemann (1987, p.191) e Tertulian (1991).

25 Segundo a concepção estética do jovem Lukács, o "luciferino" significa o lugar metafísico do estético (ver Die Subjekt-Objekt-Beziehung em Lukács (1975a, p.132).

AS FORMAS E A VIDA **47**

Em primeiro lugar, coloca-se a questão, o que Lukács queria dizer nas entrelinhas de seu texto em relação a essa interpretação de Eckhart da "pobreza de espírito"? Trata-se de questões existenciais: Lukács quer confessar-se culpado pelo suicídio de Irma Seidler, mas ela salvou sua obra e a ele – seu suicídio foi a "vontade de Deus" (*Willen Gottes*). O conceito de "pobreza de espírito" de Eckhart é "existencializado" por Lukács. O que Eckhart entende como unidade entre a vontade de Deus e a vontade individual é secularizado "luciferinamente" por meio da forma e transposto para a esfera estética. O pecado como um "sofrimento sem sofrimento" transforma-se em uma ética decisionista, a "ética da bondade" (*Ethik der Güte*). Não se trata aqui de propor uma nova interpretação dos escritos de Meister Eckhart ou de uma análise de sua recepção à época do expressionismo,[26] mas de ressaltá-las como fonte da ética *sui generis* do jovem Lukács.[27] Lukács transpõe a teoria da ação da mística em sua filosofia do agir (*Tat*).[28] Uma filosofia da ação que abarca três âmbitos: o amor, a arte e sua ética da bondade [*Güte*].

O ensaio é uma carta de Martha ao pai do interlocutor do diálogo que pode ser lido como um drama "expressionista". Martha informa-o da conversa que teve com seu filho (o herói do diálogo), a qual ocorrera dois dias antes de sua morte. Ele atirou em si mesmo. Sua amada era irmã de Martha. Também ela se matara poucos dias antes dele. Como Martha transcreve a conversa em uma carta, estava claro para o herói a sua culpa na morte dela: "Sim! Eu tenho culpa de sua morte" (Lukács, 1990, p.69). Aqui inicia-se um diálogo, no qual ela fala "à maneira de uma mulher" (*frauenhaft*) sobre a vida e o amor com uma clara aversão ao misticismo como forma de vida.

---

26 Wolfram Malte Fues (1981) faz uma ampla exposição da recepção da obra de Meister Eckhart do romantismo à atualidade.

27 Ute Luckhardt (1994, p.151) faz a seguinte observação: "O título do ensaio e sermão descrevem ao mesmo tempo uma forma de vida que é vista de modo pretensioso, aquela do eu autobiográfico do texto e a do autor do sermão [Eckhart].

28 A transposição salta aos olhos em suas *Anotações sobre Dostoiévski*.

48 CARLOS EDUARDO JORDÃO MACHADO

Como exemplo de uma ética orientada para o mundo e prático-atuante, ela reporta-se ao escrito de Meister Eckhart intitulado *Martha und Maria*. Ele, ao contrário, discursa como um asceta sobre o amor e a obra, a bondade (*Güte*) como graça e redenção, a ética do dever e a possibilidade de romper as formas etc. Ela o contradiz, afirmando: o que ele compreende com o conceito de bondade não passa de um mero "postulado" (*Postulat*), um "presente do êxtase"; não é nada mais do que "uma refinada frivolidade". Martha incorpora a ética do amor que se contrapõe à ética da obra (*Werkethik*) do herói. Ou: o homem incorpora – como expressa o herói do diálogo – a obra, a mulher, a vida; é desse modo que o herói empreende a tentativa questionável de "legitimar divinamente o sacrifício da mulher" (Luckhardt, 1994, p.149).

Segundo o jovem Lukács (1990, p.84), as mulheres nunca podem compreender com todos os sentidos

> que a vida é apenas uma palavra e que apenas por meio da falta de clareza do pensamento pode-se obter uma realidade unitária; já que há tantas vidas como tantas determinadas possibilidades aprioristicas de nossas atividades. Para elas a vida é antes de tudo a vida pura e simples...

Elas vivem como a maioria dos indivíduos sem observar que a sua vida é meramente social e entre homens (*zwischenmenschlich*). A única elevação possível da sua vida é o cumprimento dos deveres. Limitadas pela imediatidade da vida são excluídas da "bondade", pois esta situa-se além dessa imediatidade. A "bondade (*Güte*)" representa a vida vital: "A vida vital situa-se além das formas, enquanto a cotidiana se situa aquém, e a da bondade é o ser anistiado: poder romper as formas" (ibidem, p.72). A vida cotidiana, as formas da arte e a bondade correspondem a uma hierárquica ordenação dos indivíduos em castas: as mulheres e a maioria dos homens compõem o primeiro nível, enquanto os artistas-gênio e os homens da "bondade" pertencem a uma casta superior. Apenas os últimos podem romper as formas. A "pobreza de espírito" nunca é alcançada pelas mulheres e nem pela maioria dos homens; "Um homem de pouca clareza e comum nunca é pobre de espírito" (ibidem, p.85).

AS FORMAS E A VIDA **49**

O herói do ensaio chega até mesmo a concordar com a exclusão das mulheres do reino do céu, porque elas seriam incapazes de alcançar a pobreza de espírito:

> Não é tão sem sentido assim que, no Oriente, o reino do céu seja vedado às mulheres; é injusto e até mesmo inteiramente falso, mas é mesmo verdade: a pobreza de espírito nunca será alcançada por elas. (ibidem)[29]

A pobreza de espírito precisa de uma vítima que casualmente é uma mulher, como comenta Bürger (1996, p.8-9):

> O amor de juventude de Lukács, a pintora Irma Seidler, matou-se, depois de ela ter reclamado (*zurückerbeten*) antes do que ele e antes da exclusividade de sua decisão: pela obra, contra a vida, pois seria temeroso o casal trivial. Sua morte foi necessária? Ela anulou-se a si mesma, para que ele fosse privado da sedução da vida e do modo mais irrevogável possível? Enquanto ela lá está, ele está também na vida. Por meio de sua morte ele se torna unívoco.

A "pobreza de espírito" não é a unidade da vontade de Deus e da vontade humana tal como determinada em Meister Eckhart. Na medida em que essa unidade é colocada por meio da forma, ela nasce mediante um estado de ação (*Tathandlung*) que rompe a imediatidade da vida. Nesse texto, a fonte teórica da ética do jovem Lukács torna-se clara: esta consiste em uma transposição da unidade mística entre homem e Deus para a esfera estética (forma), mas que se torna ato na vida mesma. Essa combinação incomum de categorias da mística, da estética do gênio e da filosofia de Fichte é colocada por meio de um estado de ação decisionista que rompe as formas. A "pobreza de espírito" é uma transição, "é um mero pressuposto, um mero

---

29 Hochlitz (1983, p.134) chega a ver sintomas de misoginia diante de uma expressão tão curiosa contra as mulheres: "Retomando a mistura particular de verdade e de ideologia misógina já apresentada em *L'âme et les formes* [*A alma e as formas*], antes de seu suicídio simbólico, Lukács dá livre curso à sua agressividade contra a mulher em questão".

50 CARLOS EDUARDO JORDÃO MACHADO

estágio inicial da verdadeira condução da vida; o Sermão da Montanha promete a bem-aventurança, mas para Fichte significa a própria vida: vida bem-aventurada (*seliges Leben*)" (Lukács, 1990, p.85). É de observar aqui que, para o jovem Lukács, uma "vida bem-aventurada" significa uma vida tornada plena de sentido por meio da forma, uma vida, na qual os indivíduos agem de tal maneira como se fossem obras de arte. Eles estão excluídos (*ausgeschlossen*) psicologicamente da vida cotidiana, na qual se "livram da própria condicionalidade psicológica para abandonar-se à mais profunda e própria necessidade metafísica e metapsicológica" (ibidem, p.85-6). Do salto para fora da vida imediata resulta também a liberação de seus limites psicológicos. O que corresponde a uma forma de vida que é entendida como uma elevada esfera transitória. Essa elevação é mediada pela colocação da forma:

> Abandonar-se e por meio da obra realizar o que do meu ponto de vista me pertence apenas de modo contingente, mas que por meio desta, torna-me, no entanto, a mim mesmo necessário. (ibidem, p.86)

O herói sintetiza seus pensamentos: "Se a arte pudesse formar a vida, se a bondade (*Güte*) pudesse tornar-se ação, seríamos deuses..." (ibidem, p.73). O que aparece nesse ensaio como algo novo em relação à coletânea de ensaios *A alma e as formas* é, sem dúvida, o romance como forma, na qual o indivíduo moderno pode encontrar a sua expressão.[30] O que o romance como forma representa não é indagado no diálogo. Este é imaginado apenas como *topos* de uma vida vital, no qual os homens tornam-se deuses.

O exemplo disso são os heróis de Dostoiévski: Sonia Marmieladov, o príncipe Mishkin e Alexei Karamazov. Seus atos são fecha-

---

30 Depois do ensaio "Metafísica da tragédia", Lukács estava à procura de uma alternativa à tragédia. A tragédia, na qual os homens são representados vivos em castas, deve ser substituída pela forma democrática do "drama não-trágico" ("Das Problem des untragischen Dramas" in *Schaubühne*, VII (1911), p.231-4 – reeditado em Benseler & Jung (1997, p.13-6). Essa interpretação *não* se encontra em *A alma e as formas*.

AS FORMAS E A VIDA **51**

dos em si mesmos, malcompreendidos e violentos como um gesto decisionista. Eles sobressaem-se incompreendidos e mal-entendidos em relação à vida, segundo o jovem Lukács (1990, p.74), eles "são deste modo como uma grande e isolada obra de arte". Com os exemplos do romance, Lukács pretende imaginar homens vivos para superar uma ética formal e fundar uma "metaética". São homens que agem:

> seu conhecimento tornou-se ação, seu pensamento abandonou o meramente discursivo do conhecimento, sua consideração dos homens tornou-se uma intuição intelectual: eles são gnósticos da ação. (ibidem, p.74)

Apesar da "bondade" (*Güte*) como estado de ação ser semelhante à interpretação decisionista do gesto do ensaio sobre Kierkegaard, este é algo diverso como colocação (*Setzung*) do absoluto na vida. Pois enquanto o gesto em *A alma e as formas* é sem transição, Lukács já se refere aqui a uma transição. Essas formas de transição da "vida viva" não existem para o herói trágico, para ele o grande instante na vida é sem nuanças. A interpretação de Lukács do romance como forma literária dá um passo adiante: "A bondade (*Güte*) é, no entanto, o retorno à verdadeira vida, o verdadeiro encontrar o lar do homem" (ibidem, p.75).

Percebe-se a aplicação de conceitos da *Fenomenologia do espírito* de Hegel como "imediatidade", "má infinidade", o tema da viagem (*Fahrtmotiv*) etc. O próprio ensaio é um escrito de transição, sua estética – o ato do gênio, a obra de arte como mônada, a "intuição intelectual" etc. –, sua *Teoria do romance* e sua "metaética" estão aqui esboçados *in nuce*. Mas a duplicação contraposta das esferas impossibilita a representação de uma mediação dialética entre forma e vida, forma e eticidade, eu e mundo etc. A negação, que cada contato produz entre esferas contrapostas e a vida, permanece indeterminada.

A ética de uma vida vital situa-se além dos deveres. Isso já havia sido claramente formulado no final do ensaio "Metafísica da tragédia": "A validade e a força da ética não dependem de serem observa-

52 CARLOS EDUARDO JORDÃO MACHADO

das (*Befolgtsein*)" (Lukács, 1971a, p.250). O homem da bondade age sem atenção para os resultados:

> A bondade (*Güte*) é inútil assim como é sem fundamento. Pois os resultados estão no mundo exterior das forças mecânicas, são forças que não nos preocupam e os motivos de nossos atos originam-se do mero mundo de signos do psicológico, da periferia da alma. (Lukács, 1990, p.73)

As motivações do ato situam-se nos limites da "alma"; sua validade é o absoluto em relação à vida imediata; esta última é exterminada por meio de um estado de ação. Do mundo exterior, da vida cotidiana, da transição e da mediação não há nenhum vestígio. Como afirma o herói: "Falei de uma ética inteiramente geral, de uma ética que tudo abarca, e que não se limita meramente às ações entre homens da vida cotidiana" (ibidem, p.87).

A saída de uma realidade tornada irreal é procurada como faz o personagem central do romance *O homem sem qualidades* de Robert Musil: se ele pudesse ser o senhor do mundo, isto é, deus, seu primeiríssimo ato seria fazer desaparecer a realidade como tal! Entre realidade e possibilidade, entre homens comuns e homens com o sentido do possível, abre-se um abismo intransponível.

Segundo a interpretação da bondade (*Güte*) pelo jovem Lukács, este é um paradoxo, pois a bondade torna-se uma categoria que funda uma ética sem ser uma categoria ética. A bondade é vivenciada como "milagre", "graça" (*Gnade*), "redenção":

> o homem da bondade não interpreta mais a alma do outro, lê nele como em si próprio, tornou-se o outro. Por isso a bondade é o milagre, a graça e a redenção. É a descida (*Heruntersteigen*) do reino do céu na terra ... a verdadeira vida, a vida viva. É um abandonar da ética: a bondade não é categoria ética alguma, a senhora não a encontrará em nenhuma ética conseqüente. (ibidem, p.74-5)

O decisionismo da interpretação lukacsiana da bondade (*Güte*) como um cego estado de ação, que não sabe nada fora de si mesmo e que autoprescreve ordens absurdas, salta aos olhos:

AS FORMAS E A VIDA **53**

Bondade é obsessão, não é branda, refinada, nem pietista, é selvagem, atroz, cega e aventureira. A alma da bondade tornou-se vazia de todo conteúdo psicológico, de fundamentos e resultados, tornou-se uma folha de papel em branco, na qual o destino escreve sua ordem absurda, e esta ordem é seguida cega, audaz e atrozmente até o fim. Que esta impossibilidade se torne ato, esta cegueira, clareza, esta atrocidade, bondade – eis o milagre, a graça. (ibidem, p.78)

Lukács refere-se até mesmo à "obsessão da obra": por causa da forma (obra) deve-se sacrificar a vida para tornar possível a obra; por sua causa o gênio deve se excluir da vida habitual para criar sua obra; por sua causa o ato na vida deve tornar-se um ato possesso – para erigir uma vida como obra de arte. A forma é a verdade, mas anti-humana – "luciferina".

Devemos nos tornar aprioristicos. Todas as nossas possibilidades de percepção e reação devem se orientar de modo inexorável e involuntário à categoria que está na obra. Assim a privação da alma, por meio da pobreza de atividade, torna-se frutífero e medonho furor da obsessão da obra, que tem fome de realização. (ibidem, p.88-9)

Com essa interpretação do conceito de forma como poder tirânico contra a vida o jovem Lukács volta-se enfaticamente contra qualquer ética do dever. O jovem Lukács quis realizar uma ética estetizante, por meio do poder anti-humano da forma. A lei da forma artística é prescrita à vida como um *diktum*:

A vida viva é sem forma, pois situa-se além das formas, e isto é porque para ela nenhuma forma pode alcançar clareza ou pureza. Decerto toda clareza pode nascer somente por meio do que é extraído violentamente deste caos, que tudo o que está ligado à terra seja extirpado. A verdadeira ética (pense em Kant!) também é anti-humana: quer realizar a obra ética no homem... (ibidem, p.83)

Figura 5 – A Sra. Balázs e Lena Grabenko (Fekete & Karádi, 1981, p.62).

2
A "SEGUNDA" ÉTICA COMO CONFIGURAÇÃO A *PRIORI* DE UM NOVO ÉPOS. O LIVRO SOBRE DOSTOIÉVSKI*

Introdução

Mesmo sem ter concluído a *Heidelberger Kunstphilosophie* [*A filosofia da arte de Heidelberg*], Lukács começou a redigir um novo livro, conforme se lê na sua carta a Paul Ernst: "Dedico-me finalmente agora ao meu novo livro sobre Dostoiésvski (a Estética está temporariamente parada). Este conterá muito mais do que sobre Dostoiésvki, boa parte de minha ética metafísica e filosofia da história etc".[1] Como se sabe, desse projeto apenas a primeira parte foi publicada, *A teoria do romance*. Nesse livro o mundo grego é descrito como um mundo homogêneo, que surge como um dos poucos instantes "bem-aventurados" da história, como também em Hegel, no qual as grandes formas (épica, tragédia e filosofia) se desdobram obedecendo a uma necessidade *a priori*, ao contrário do mundo moderno, no qual se contrapõem a experiência histórica individual e o seu significado.

O homem moderno vive numa condição de "sem-teto transcendental" (*transzendentalen Obdachlosigkeit*) e enquanto o seu mundo

---

* Este capítulo foi publicado em Machado (1998b, p.73-116).

1 Carta a Paul Ernst, de março de 1915, em Lukács (1982, p.345).

56 CARLOS EDUARDO JORDÃO MACHADO

estiver sob o domínio desses astros, o romance permanecerá sendo a forma literária da modernidade *par excellence*. O romance é, para Lukács, nas palavras de Fichte, "a forma da época da pecaminosidade completa".[2] A forma do romance é, em relação à vida cotidiana, um "apesar de". Ao final de sua *Teoria do romance*, Dostoiévski aparece como sendo o ponto culminante de uma construção histórico-filosófica da forma do romance.

O significado da obra de Dostoiésvki consiste em que nela é representada a esfera da "realidade da alma" como sendo a única e verdadeira realidade ou o retorno de um novo épos:

> Somente nas obras de Dostoiésvski aparece caracterizado esse novo mundo como simples realidade visível, distante de toda luta contra o existente. Por isso ele e a forma de seus romances estão fora dessas considerações: Dostoiévski não escreveu romance algum, e a convicção configurada, visível em suas obras, não tem nada a ver nem no sentido afirmativo nem no negativo com o romantismo europeu do século XIX e tampouco com suas variadas e também românticas reações contra este. Ele pertence a um novo mundo. (Lukács, 1994, p.137)

Essa interpretação histórico-filosófica do romance parece possuir algo de surpreendente depois de lermos os ensaios de *A alma e as formas*. Neles a preferência estética pelo gênero clássico e austero é evidente, particularmente pela tragédia e pela novela, provocando um certo distanciamento crítico em relação ao romance. Os ensaios imputam ao romance a "disformidade" (*Formlosigkeit*), descrevem-no como um "gênero absurdo", ao contrário da tragédia e da novela.

Lukács (1971a, p.108) deixa claro, no ensaio sobre Theodor Storm: "a essência da forma novelística pode ser resumida do seguinte modo: uma vida humana que é expressa por meio da infinita força sensível de uma hora do destino". Essa mudança na interpre-

---

2 Lukács (1994, p.137). A recepção contemporânea deste livro, no mundo de língua alemã, de Siegfried Kracauer, Thomas Mann, Karl Mannheim, Margarette Susman, entre outros, se encontra em Bendl & Timar (1988, p. 315-21). Sobre a construção interna deste livro, ver o trabalho de Bernstein (1984).

AS FORMAS E A VIDA 57

tação lukacsiana da literatura e conseqüentemente do romance alcança o seu ponto máximo quando relacionada aos romances de Dostoiévski, o que permanece no entanto na construção de sua *Teoria do romance* paradoxalmente algo enigmático e fragmentário. Como ele próprio afirma: já que Dostoiévski cria uma nova forma do romance, que é ao mesmo tempo uma superação dessa forma, esta permanece fora de sua teoria do romance. Como Lukács entende, no entanto, a obra de Dostoiévski como exemplo de um novo épos, o que significa nela o novo mundo e por que lhe parece derivável de seus romances uma "ética metafísica" e uma filosofia da história são as questões-chave de nosso trabalho interpretativo.

Ler as *Anotações sobre Dostoiévski* como continuação de sua *Teoria do romance* constitui a nossa hipótese, que deve ser analisada detalhadamente. Interpretar essas anotações separadas da *Teoria do romance* seria, segundo pensamos, problemático, na medida em que desfoca o principal, isto é, o significado da tentativa original do jovem Lukács de interpretar os romances de Dostoiévski históricofilosoficamente como ponto de inflexão das formas do romance ocidental: o romance de aventura, o romance do idealismo abstrato, o romance de desilusão, o romance de formação, o romance policial etc. Uma tal interpretação obscureceria a peculiaridade dessa "ética metafísica".

Originalmente, o livro sobre Dostoiévski e a *Teoria do romance* compunham um *único* livro. Lukács desenvolve uma teoria conclusiva do romance que termina com uma formulção inequívoca e simples: "Estes [os romances de Dostoiévski, não são mais romances". Tudo acaba em Dostoiésvki.[3] Com as *Anotações sobre Dostoiévski* torna-se mais clara a interpretação histórico-filosófica do romance enquanto forma, isto é, como percurso, direção, intensificação e ruptura. As *Anotações* são a "verdade" da *Teoria do romance*.

Os romances de Dostoiévski estão para os romances europeus ocidentais como os quadros de Cézanne estão para a pintura do im-

---

3 Cf. Carta de Ernst Bloch a Lukács de outubro de 1916, em Lukács (1982, p.378-9); ver também Bloch (1985a, p.178).

58 CARLOS EDUARDO JORDÃO MACHADO

pressionismo: inflexão e renascer. Caem fora do percurso (Lukács, 1985, p.39). Neles é configurado um novo épos que representa, para determinadas categorias internas do romance, um novo gênero formal.

Como indícios do *novo*, reconstruímos aqui as representações do tempo e da realidade, da loucura e da delinqüência, o papel da ironia e do demonismo e a tipologia dos heróis de Dostoiévski. Estes últimos são as figuras de proa de uma ética além do dever. O próprio Lukács, nesse contexto, deixa claro que o livro planejado não seria apenas uma monografia sobre Dostoiévski, mas também o projeto de uma ética metafísica e de uma filosofia da história.

Até que ponto os fundamentos dessa ética metafísica estariam localizados fora da forma estético-literária é difícil determinar, pois esta não tem nada a ver com uma ética do dever, como Lukács entende a ética kantiana. Uma ética sistemática e abstrata como a kantiana impossibilitaria a apreensão da "realidade da alma". A "segunda" ética, conforme a terminologia das *Anotações sobre Dostoiévski*, seria construída de formas estéticas. Como se fundamenta uma tal ética, eis a questão. Na verdade, um paradoxo.

Pode-se afirmar de antemão que uma tal ética – teoricamente – é impossível como um sistema de regras, ou seja, uma ética não positiva, que não se pode desdobrar de modo sistemático, simplesmente porque a forma não é uma categoria que possa fundar uma ética, apesar de a forma na sua variedade e multiplicidade vir sempre relacionada ao ético. Essa "ética metafísica" não é construída de princípios abstratos e sim instaurada pela ação dos heróis de Dostoiévski. Uma ética que se torna apenas compreensível se relacionada ao romance enquanto forma.

Formulando de outro modo, quando Lukács afirma que a "segunda" ética é uma configuração *a priori* de um novo épos, então pode-se pensar, em todo caso, em fundar "implicitamente"[4] uma ética por meio do romance enquanto *forma*. Já sabemos que o filóso-

---

4 Sobre a "questão ética" na trajetória do jovem Lukács, ver Dannemann (1987).

AS FORMAS E A VIDA **59**

fo sistemático da *Filosofia da arte de Heidelberg* nunca teve a intenção de escrever uma ética sistemática que fosse comparável à sua Estética como sistema. No entanto cada passo de sua reflexão estético-literária mostra o entrelaçamento entre problemas éticos e estéticos.

Em relação à questão sobre a possibilidade de uma ética sistemática, o próprio Lukács (1990) responde negativamente, como se pode ler no ensaio *Da pobreza de espírito*: "A bondade (*Güte*) é um abandonar do ético, isto é, a bondade não é categoria ética alguma, não se encontrará em nenhuma ética conseqüente". Os heróis de Dostoiévski são homens da bondade, eles agem. Quando o fazem, ultrapassam o mundo das convenções, da "primeira" ética.

Para o jovem Lukács, os heróis de Dostoiévski possuem um significado paradigmático: eles podem elevar-se além da determinidade social de sua existência no interior de uma classe. É necessário confrontar determinadas passagens anotadas por Lukács dos romances de Dostoiésvki para compreender essa "ética do romance" e sua construção.

De um lado, a formulação ensaísta de uma ética parece ser, para o jovem Lukács, uma alternativa a um sistema ético; de outro, se apresenta como uma exigência do próprio objeto, a forma literária. A "segunda" ética é um configuração dada *a priori* nos romances de Dostoiévski, isto é, uma ética que é fundada implicitamente apenas por meio da forma.

Encontrar a forma adequada do ensaio foi, para Lukács, uma complicada questão de estilo. Quando da eclosão da Primeira Guerra Mundial, Lukács foi obrigado a interromper os trabalhos de sua estética sistemática; com o tempo, ele perdeu a feliz concisão da forma do ensaio em decorrência da construção sistemática de sua estética e pareceu-lhe muito difícil, como escreveu a Paul Ernst, "encontrar um estilo épico-ensaísta" (Lukács, 1982, p.348).

Primeiramente, Lukács planejou esse livro sobre Dostoiévski numa série de diálogos como já experimentara no ensaio *Da pobreza de espírito*. Lukács (1994, p.5-6) escreveu no posfácio de 1962 à *Teoria do romance*:

60 CARLOS EDUARDO JORDÃO MACHADO

Um grupo de jovens refugia-se da psicose de guerra de seu ambiente tal como os narradores das novelas no *Decamerão* refugiam-se da peste; eles buscam compreender uns aos outros por meio de diálogos que, passo a passo, direcionam a visão dos problemas tratados no livro ao mundo de Dostoiévski.

Esse plano permaneceu um mero projeto; em seu lugar, começa o esboço de uma multifacética análise formal dos romances de Dostoiévski, cuja atual versão da *Teoria do romance* seria apenas uma introdução. Sua forma épico-ensaísta provocou reações contrapostas: de um lado, aquela dos que ficaram fascinados pela escrita, como Kracauer e Bloch; e, de outro, como a de Max Weber, que simplesmente odiou o ensaio.

Para Weber, o livro sobre Dostoiévski foi um desvio de seu trabalho sistemático, e conseqüentemente um obstáculo para concluir a sua livre-docência em Heidelberg. Weber escreve-lhe de forma direta e clara:

> Devo-lhe dizer abertamente e acrescentar mais alguma coisa. Um grande amigo seu, Emil Lask, é da seguinte opinião: ele [Lukács] é um ensaísta nato, não vai continuar no trabalho sistemático (futuro): por isso não deveria defender a Livre Docência (*Habilitation*) ... Por essa razão, pelo que você já havia me mostrado como sendo a pedra angular excelente de sua Estética, refutei com veemência esse tipo de crítica. Mas a sua súbita mudança de interesse em direção à obra de Dostoiévski só reforça aquela visão (de Lask), dando-lhe razão. É por isto que odiei este seu trabalho e o odeio ainda mais.[5]

A publicação das *Anotações e esboços sobre Dostoiévski* representa um papel importante para poder determinar de modo mais preciso a trajetória intelectual de Lukács, sobretudo em relação ao que nos interessa analisar aqui – relação entre forma e vida. Nesses esboços encontram-se as mais heterogêneas tendências intelectuais: a tradição mística medieval, antes de todos, Meister Eckhart e Jacob Böhme,

---

5 Carta de Weber a Lukács, de 14 de agosto de 1916, em Lukács (1982, p.372).

AS FORMAS E A VIDA **61**

os movimentos de seitas cabalísticas; a filosofia alemã (Kant, Fichte e Hegel); em relação a Kant, a posição de Lukács é ambivalente, de um lado se coloca para ele, como pano de fundo, o ideal kantiano de um sistema filosófico, de outro, tenta superar a "ética do dever"; de Fichte toma de empréstimo a categoria de estado de ação [*Tatahandlung*], decisivo para esclarecer teoricamente o conceito de ação na obra de Dostoiévski; da filosofia hegeliana, Lukács se apropria de algumas idéias: a possibilidade de uma filosofia da história, a problemática do Estado e a figura demiúrgica do espírito objetivo; Lukács também combina a crítica de Kierkegaard a Hegel com a do jovem Marx; por último, não se deve subestimar a importância dos filósofos-poetas como Novalis e F. Schlegel na sua interpretação do romance.

Apesar de Lukács colocar-se como tarefa mostrar de que modo o romance se constitui enquanto forma literária da modernidade *par excellence*, as *Anotações e esboços sobre Dostoiévski* estão em conexão direta com a interpretação das relações contrapostas entre forma e vida dos ensaios de *A alma e as formas*. Estes últimos oferecem uma "metafísica da tragédia" e as *Anotações*, uma "metafísica da épica".

A respeito do romance como forma são discutidos problemas qualitativamente novos: a relação entre ética e estética e também a relação entre forma e vida. Lukács esboça, por meio de uma filosofia da história escatológica, em sua *Teoria do romance*, uma relativização da possibilidade de completude da obra sob as condições históricas da modernidade. A moderna forma épica, o romance, está subsumida a uma dialética "histórico-filosófica", que não encontra nenhuma completude, mas permite que o próprio material se expresse.[6] Essa relativização se faz necessária em decorrência da própria forma do romance e de sua imprescindível relação com a empiria da vida. A forma do drama, afirma Lukács em sua *Teoria do romance*,

---

6 Para Weisser (1992, p.168), a *Teoria do romance* está em contraposição com a compreensão sistemática desenvolvida em sua filosofia da arte: "A concepção histórico-filosófica do livro sobre Dostoiévski relativiza a validade de categorias estéticas decisivas da *Filosofia da arte de Heidelberg*".

"é o eu inteligível do homem", a da épica o "eu empírico". Esse caráter empírico foi anteriormente caracterizado, em seu ensaio sobre Theodor Storm, como mera "disformidade" e rechaçado enquanto tal, na medida em que o romance, em contraposição à novela e à tragédia, não pode representar uma forma rigorosa e acabada.

Na *Teoria do romance*, em contrapartida, a forma dessa "arte pela metade" é compreendida criticamente: o ir além da empiria e o não poder transcendê-la são as condições de possibilidade desse gênero formal enquanto tal e não expressão de "disformidade". "O sujeito da épica é sempre o homem empírico da vida" (Lukács, 1994, p.41).

A inevitável ancoragem na empiria da vida e a resultante ligação ao momento histórico caracterizam um problema determinado da configuração do romance enquanto gênero: a forma como um tornar-se, como um processo. O caráter de processo do romance engendra uma nova e determinada relação entre estética e ética que é essencial para compreender a tentativa de Lukács de derivar uma ética metafísica a partir dos romances de Dostoiévski. Nos romances a relação entre ética e estética é, segundo Lukács,

> enquanto processo formal, bem diversa de outras formas poéticas. Lá a ética é um pressuposto formal ... Aqui a ética é convicção tornada visível por meio da configuração de cada singularidade, é também, em seu conteúdo mais concreto, um elemento construtivo eficaz da própria poesia. Assim o romance se apresenta em oposição ao ser sereno dos outros gêneros de forma acabada, como um tornar-se, como um processo. (ibidem, p.62)

Se nos romances de Dostoiévski há a configuração de um novo épos, isso só é possível na medida em que vem à luz uma nova ética formada por meio dos heróis em ação, como o próprio Lukács diz, como "configuração *a priori*". Uma nova ética que descreve o processo da "realidade da alma", que é construída analogamente à "primeira" (formal) ética, que é a convicção tornada visível de cada singularidade, só que com sinal trocado. Um novo mundo que se encontra um passo além da condição moderna de um "apátrida transcendental".

AS FORMAS E A VIDA **63**

Essa ética metafísica é pensada, portanto, como uma exigência do momento histórico configurado por Dostoiévski, da sua própria forma, e que também ultrapassa teórica e praticamente a significação dela mesma. O livro sobre Dostoiévski pode ser interpretado como uma tentativa do jovem Lukács de compreender um novo problema: a "revolução".

Em uma carta a Paul Ernst, Lukács (1982, p.352) tenta lhe apresentar a linha de argumentação de seu projeto:

> Sobre o Estado (e as outras formações do espírito objetivo) seria necessário uma conversa a viva voz para aproximar-nos um do outro. Quando você afirma que o Estado é uma parte do todo, isso me parece correto. Quando você afirma que é uma parte da alma, isso é um erro. Tudo que está de qualquer modo em relação conosco é uma parte de nós mesmos (inclusive o objeto da matemática), mas esse todo que cria esses objetos (no sentido da função sintética da razão) traz em si problemas insolúveis, é um conceito metodológico abstrato e o participar do objeto originado no todo é uma relação metodológica, válida em âmbito imanente das esferas metodológicas. O falso consiste, portanto, em transformar esse todo em alma, por meio do qual cada substanciação do sujeito significa um tornar-se substancial do objeto correspondente, as "formações" tornam-se coisais e metafísicas. Somente a alma possui uma realidade metafísica. O que não é solipsismo algum. O problema consiste, pois, em encontrar o caminho que leve uma alma a outra. Tudo mais é instrumento, apenas mero serviço. Acredito que muitos conflitos desapareceriam quando se alcançasse a absoluta prioridade desse âmbito em relação aos âmbitos derivados (direitos e deveres que são deduzidos a partir de uma instituição ética internalizada), naturalmente não para tornar a vida sem conflitos, mas para torná-la um conflito, aquele que coloca a alma em uma encruzilhada.

A passagem contém os elementos estruturais mais importantes de sua ética e de sua filosofia da história: o "espírito objetivo", a "realidade metafísica" e "transformar a vida em conflito". O que salta aos olhos, antes de tudo, é a figura do "espírito objetivo" tomada explicitamente da filosofia hegeliana e que constitui um dos conceitos mais complicados de se decifrar. A dificuldade reside não apenas em

64 CARLOS EDUARDO JORDÃO MACHADO

que se trata de uma versão inacabada, mas sobretudo na curiosa interpretação histórico-filosófica do Estado.

Como se sabe, justamente na época da redação de sua *Teoria do romance*, Lukács dá início ao "sinuoso caminho até Hegel" (Fehér, 1977a).[7] Trata-se de um caminho muito original, pois conecta a crítica de Kierkegaard a Hegel à do jovem Marx. Nas *Anotações sobre Dostoiévski* a figura hegeliana do demiurgo desempenha um papel muito peculiar: o "espírito objetivo" é o portador da "primeira" ética" e o Estado, uma de suas formas. As formas históricas do Estado desde a época da pólis grega, passando pela expansão da Igreja católica na Idade Média até chegar ao Estado moderno são apreendidas como produto do "caminho triunfal do Jeovista". O Deus punitivo do Velho Testamento, Jeová, é metamorfoseado no poder do Estado ou na Igreja-Estado medieval. As peripécias históricas do espírito objetivo são "Jeovistas".[8]

O ponto de partida dessa mitologia cósmica na obra de Dostoiévski é, para Lukács, a parábola do Grande Inquisidor e do Cristo mudo de *Os irmãos Karamazov*. Deus se transformou em instituição, em Igreja-Estado, e por isso Cristo o estranha. Lukács toma como exemplo "as últimas palavras de Cristo" do Evangelho segundo São Mateus (27:46) – "Meu Deus, meu Deus, por que me abandonaste?" (apud Lukács, 1985, p.98) – para desenvolver uma história do estranhamento de Cristo juntamente com o motivo kierkegaardiano de um Cristo não objetivo contra a fé objetivada. Essa história é o desdobramento do "espírito objetivo" – no sentido hegeliano como história da alienação – que subordina os valores puros da alma aos objetivos do poder político. Essas peripécias do "espírito objetivo" podem ser interpretadas como sendo a forma originária da sua

---

7   Segundo Fehér, com as *Anotações sobre Dostoiévski* Lukács inicia o seu "sinuoso caminho até Hegel. Com a categoria hegeliana do "espírito objetivo", Lukács "compõe a maioria dos grandes complexos (Jeová, o Estado, em certo sentido, o cristianismo, e certamente o ateísmo europeu-ocidental" (Heller et al., 1977b, p.290).

8   Ver o capítulo conclusivo deste trabalho "A estrutura de uma ética 'luciferina'".

AS FORMAS E A VIDA **65**

teoria da reificação que desenvolveu poucos anos depois em *História e consciência de classe*, tentando interpretar a racionalização das formas de vida na sociedade burguesa moderna. Essas peripécias descrevem uma "história da degradação", uma "regressão". Lukács, partindo da época da pólis grega, vê um inevitável processo de alienação.[9] Essa interpretação expressa um indubitável pessimismo.[10]

A subordinação política da alma produz o Estado que incorpora a "primeira ética". No decurso do caminho triunfal do Jeovista, o Estado é substanciado. O Estado e todas as suas formações derivadas são caracterizados como poder puro e simples, como também o são um terremoto ou uma epidemia, nas palavras de Lukács (1985, p.185): "o Estado é uma tuberculose organizada".

O Estado não pode ter prioridade absoluta (direitos e deveres) em relação aos imperativos da alma. Lukács contrapõe ao Estado uma realidade metafísica que não pode ser instaurada por meio de formas coisais, uma tal "realidade" que só a alma possui – "a realidade da alma". Em uma tal "esfera" da "realidade da alma", relativamente livre de objetivação, o objeto, em relação ao sujeito e até mesmo ao eu empírico, não estaria substanciado. O escopo de uma tal realidade é atingir um âmbito mais elevado, por meio do abandono dos direitos e deveres do existente ("primeira" ética), que possibilite encontrar o caminho que leve de uma alma a outra. O que se encontra fora de tal meta é entendido como mero instrumento, mero serviço.

Esse fim significa, como vimos na carta de Lukács a Paul Ernst, levar a alma a uma encruzilhada para tornar a vida um conflito. Essa

---

9 Como diz F. Fehér, graças ao livro pioneiro sobre o jovem Lukács de Michael Löwy (1976), sabemos que para o jovem Lukács as "épocas bem-aventuradas" não correspondem à época da pólis grega, mas à Grécia arcaica.

10 Como entenderam também, *mutatis mutandis*, Horkheimer & Adorno (1976), trinta anos depois, na *Dialética do esclarecimento* e com outros pressupostos teóricos. Eles mostram que a "regressão" como entrelaçamento entre mito, domínio e trabalho já está presente nas narrativas homéricas: "a substitutibilidade é o veículo do progresso e, ao mesmo tempo, da regressão" (ed. bras., 1985, p.43-6).

66 CARLOS EDUARDO JORDÃO MACHADO

realidade metafísica, que contradiz a realidade das formas do "espírito objetivo", não expressa um solipsismo – seguindo o raciocínio do jovem Lukács. Ao contrário, essa realidade metafísica que extrapola a vida empírica é uma superação escatológica da contraposição muda entre eu e mundo, entre alma e realidade, entre alma e alma, em suma, da cisão abissal entre sujeito e objeto.

Naquela ocasião, não havia para Lukács nenhuma diferença entre um terrorista e um revolucionário. Eles são os portadores da "segunda" ética, acrescenta Lukács (1982, p.352) em outro trecho da mesma carta a Paul Ernst:

> Por isso vejo em Ropschin – apreciando-o como documento e não como obra de arte ... uma nova forma de manifestação do velho conflito entre a ética antiga (a imposição dos deveres) e segunda ética (imperativos da alma). A hierarquização contém sempre complicações dialéticas próprias, quando a alma não está referida a si mas à humanidade, como nos homens políticos, nos revolucionários. Aqui é necessário, portanto, sacrificar a alma – para salvá-la: é necessário tornar-se um medonho político realista, partindo de uma ética mística, e não ferir o mandamento absoluto – que não é uma obrigação contra as formações – "Tu não deves matar". Mas no cerne da questão, trata-se de um antiquíssimo problema que a *Judith* de Hebbel expressa com precisão: "Se Deus colocasse um pecado entre mim e meu ato, quem sou eu para dele poder me furtar?".

O livro de Ropschin, isto é, Boris Savinkov (1913), *Als wär es nie gewesen [Como se nunca tivesse ocorrido]*,[11] desempenhou um papel muito importante na interpretação "anticapitalista" de Lukács do "novo homem", do "revolucionário". Savinkov, o dirigente de grupos terroristas durante a Revolução Russa (1904-1906), é o exemplo do agir em uma "situação trágica", na qual é impossível atuar sem culpabilidade: "Nenhuma ética pode ter por tarefa encontrar receitas para o agir concreto...". Assim afirma Lukács na primeira versão do capítulo-chave de *História e consciência de classe*, "O que é mar-

---

11 Ver, também, Savinkov (1985).

xismo ortodoxo?", isto é, o ensaio "Tática e ética". Savinkov é aquele que melhor formula o problema do terror individual: "Assassinar não é permitido, é uma culpa imperdoável e incondicional; na verdade não se 'pode', mas é 'necessário' que se faça" (Lukács, 1975b, p.52-3). Em "Tática e ética" esse dilema é expresso com as palavras citadas da *Judith* de Hebbel.

Nas suas *Anotações sobre Dostoiévski*, Lukács fala sobre a "Revolução" da seguinte maneira: "O verdadeiro sacrifício do revolucionário é também sacrificar (literalmente) sua alma: da segunda realizar apenas a primeira [ética]". As figuras de Ropschin, Bolotove Serioscha, são consideradas apenas como documentos históricos para o novo tipo de homem, que correspondem literariamente à *Judith* de Hebbel e aos heróis de Dostoiévski. Eles atualizam uma nova forma de manifestação dos conflitos entre "primeira" (regras e deveres) e "segunda" ética (imperativos da alma), que contêm complicações dialéticas próprias: "o delito necessário mas não desejado" (Lukács, 1985, p.127). Se a alma está voltada para a humanidade, para salvá-la, é necessário sacrificá-la.

Esse dilema deve ser considerado criticamente em seu significado político-moral. Trata-se não de uma atualização de uma "ética metafísica" ou de uma "filosofia da história" do jovem Lukács, mas, muito mais, isto é, de considerá-las em seu contexto histórico interpretativo estrito, como *documentos* (e aqui significa decifrar as *Anotações*). Em relação às obras de juventude e à trajetória intelectual de Lukács, seria uma importante tarefa hermenêutica (histórica e materialista) entender como ele apreende os heróis de Dostoiévski como exemplos literários do "novo homem". De qualquer modo, trata-se de reconstruir uma interpretação e de aproximá-la do momento histórico de então, focando-as como anotações e não como uma obra acabada.[12]

---

12 Sobre a ambígua recepção, naquele tempo, da obra de Dostoiévski, na Alemanha, ver: "Die Auffassung Dostojewski im Vorkriegsdeutschland" (1934) em Löwenthal (1990, p.188-230).

Figura 6 – Georg Lukács e Béla Balázs na Itália (Fekete & Karádi, 1981, p.63).

Os heróis de Dostoiévski: os ateus

O primeiro passo seria investigar a questão do ateísmo como fundamento de uma nova moral de um mundo sem Deus. O problema sobre o ateísmo provém, nas *Anotações*, de um esboço de capítulo sobre a "segunda" ética. Lukács contrapõe ao ateísmo ocidental o russo. Os heróis de Dostoiévski representam uma tipologia de ateus que ultrapassa os exemplos ocidentais. Para o jovem Lukács (1985, p.77): "Existe apenas o ateísmo russo, pois apenas lá a questão da existência de Deus se coloca como uma questão (moral e social) do povo".[13]

Nas *Anotações sobre Dostoiévski*, Lukács esboça uma tipologia dos ateus dividida em três partes: "1) Niels Lyhne, 2) Ivã Karamazov, 3) Kaliaiev [um terrorista russo]" com o seu correspondente "nível de vida": 1) "Disposição", 2) "Isolamento", 3) "Revolta". O primeiro nível de vida, a "Disposição", corresponde ao Estado como "segunda natureza", isto é, como objeto substanciado. A esse âmbito pertencem os ateus europeus ocidentais, sendo o personagem Niels Lyhne do escritor dinamarquês J. P. Jacobsen sua figura de proa. O segundo, o "Isolamento", corresponde ao mundo do "homem abstrato" e sua moral; o exemplo literário desse nível de vida é, entre outros, Ivã Karamazov. O terceiro, a "Revolta", é o mundo no qual "tudo é permitido"; os exemplos correspondentes a esse nível de vida são os personagens de Dostoiévski do "novo homem", e, por conseguinte, os "homens da bondade": Sofia Marmieladov, Alexeis Karamazov e o príncipe Mishkin.

Semelhante ao seu ensaio "Da pobreza de espírito", os homens são divididos em castas; essa tipologia dos ateus é hierarquicamente ordenada como o mundo de Dante – *inferno, purgatório, paraíso*: em baixo estão os homens que se encontram no submundo, eles vivem no inferno da pecaminosidade completa; no meio estão aqueles que se encontram no purgatório, para eles a solidão e o isolamento são inevitáveis, não conseguem amar nem a si nem aos outros; no alto estão os "homens da bondade", eles superaram o mundo das convenções, não pensam apenas em si, mas nos outros, e agem como deuses.

A "Disposição"

O primeiro nível de vida, a "Disposição", corresponde à tradição do ateísmo ocidental de Espinosa a Marx. Nas *Anotações sobre Dos-*

---

13 Sobre a Rússia como lugar mitológico da "segunda" ética, ver o capítulo conclusivo, em especial a seção intitulada: "Rússia e Europa Ocidental".

70 CARLOS EDUARDO JORDÃO MACHADO

toiévski percebem-se uma crescente tendência de aproximação e de crítica ao socialismo e a dificuldade com que Lukács se debate, isto é, ele pergunta, como se pode derivar uma nova moral desta "criança do esclarecimento (*Aufklärung*)", já que o socialismo, com a sua moral do "tornar-se melhor" para todos os homens, não vai além de uma prova ontológica do "não ser de Deus".

Para o jovem Lukács, a crítica de Marx à religião está ainda sob a influência da cultura do esclarecimento. Essa crítica não vê além do céu estrelado de Kant que brilha apenas na escura noite do conhecimento puro. Seu raio de luz não ilumina mais os passos de nenhum caminhante solitário.

Com a cultura do esclarecimento, o indivíduo se apresenta no novo mundo como "ser solitário" (cf. Lukács, 1994, p.28). O desmascaramento do "sol ilusório" (Marx) da religião como tolice é uma continuação da cultura do esclarecimento. A desilusão de um mundo sem Deus não pode ser de modo algum fundamento de uma nova moral.

Para o jovem Lukács, a cultura do socialismo carece de uma força religiosa, como ocorria no cristianismo primitivo. Como ele próprio afirma literalmente em seu ensaio "Cultura estética":

> A prescrição da arte do cristianismo primitivo foi necessária para o surgimento da arte de Giotto e Dante, Meister Eckhart e Wolfram von Eschenbach: o cristianismo inicial criou a Bíblia, e a arte de muitos séculos alimentou-se destes frutos ... O socialismo carece dessa força e por essa razão não é um opositor verdadeiro aos esteticismo de origem burguesa, como gostaria de ser, como seu saber deveria ser. (Lukács, 1997, p.19)

Um ateu ocidental sabe apenas que Deus é um equívoco, um equívoco esclarecido; seu mundo é desiludido e seu tipo de indivíduo, egoísta. O ateísmo europeu ocidental, englobando até mesmo o do jovem Marx, não sabe mais dar resposta à pergunta de como se pode viver.

No romance de Jens Peter Jacobsen, *Niels Lyhne*, vem formulado de modo mais claro o programa do ateísmo europeu ocidental

AS FORMAS E A VIDA **71**

como "desilusão", isto é, um mundo "desiludido" (*desillusionierte*), conforme a citação de Lukács da seguinte passagem do romance:

> O ateísmo [diz Hyerrild a Niels] é mesmo de uma sobriedade sem limites e o seu fim não é senão uma humanidade desiludida. A fé em um Deus providencial e justo foi a última grande ilusão da humanidade, e daí? E o que acontecerá quando ela a tiver perdido? Ela se terá tornado então mais inteligente, mas será que mais rica e feliz? ... Não vejo assim. (Jacobsen apud Lukács, 1985, p.45)[14]

Lukács estabelece aqui uma conexão curiosa entre essa passagem do romance e a crítica da religião do jovem Marx. Esse nexo vem grifado nas anotações:

> A crítica da religião retirou as flores imaginárias das correntes não para que o homem carregue correntes sem fantasia e consolo, mas para que ele se arme das correntes e traga flores vivas. A crítica da religião desilude o indivíduo para que ele pense, atue e compreenda, como desiludido, a realidade por ele criada, para que se movimente em torno de si próprio e com isto em torno do sol real. A religião é o sol ilusório em torno do qual o indivíduo se movimenta até enquanto não se movimenta em torno de si próprio (*Niels Lyhne*). (Lukács, 1985, p.80)

Niels Lyhne representa um caso peculiar do romance de desilusão, analisado por Lukács na *Teoria do romance*. A interpretação de *Niels Lyhne* nas *Anotações*, como figura de proa do ateísmo ocidental, é um desdobramento dessa crítica. O romance da desilusão sucede a tradição do romantismo, mas não no sentido de considerar a vida como obra de arte, mas como desilusão, como recusa necessária (*Versagenmüssen*) da vida. O romance da desilusão é a expressão de luto impotente diante de um mundo tornado em si sem essência.

Dito de outro modo, esse tipo de romance expressa um pessimismo sem consolo (cf. Lukács, 1994, p.105). Diz Lukács:

---

14 Edição brasileira, trad. de Pedro Otávio C. da Cunha, Julia M. Polinésio e José Paulo Paes. São Paulo: Cosac & Naify, 2001, p.171.

72 CARLOS EDUARDO JORDÃO MACHADO

O romance da desilusão de Jacobsen expressa o luto pelo fato de que "há no mundo tanta sutileza sem sentido" com imagens maravilhosas e líricas; e a tentativa do poeta de encontrar uma positividade desesperada no heróico ateísmo de Niels Lyhne, na audaciosa aceitação de sua solidão necessária, resulta de uma ajuda recebida de fora da poesia mesma ... Permanece uma bela, mas vaga mescla de exaltação e amargura, de luto e escárnio, não uma unidade; ficam imagens e aspectos, mas não uma totalidade de vida. (ibidem, p.106)

O romance da desilusão é interpretado como a típica forma do romance do século XIX, *Niels Lyhne* de Jacobsen e *Educação sentimental* de Flaubert são os exemplos significativos. O declínio da realidade exterior é representado como vivência do tempo, como recordação. A recordação apreende, do ponto de vista da subjetividade moderna, a discrepância "que se coloca entre o objeto, como este realmente era, e o seu modelo como ideal do sujeito" (ibidem, p.114). Essa forma do romance é também a tentativa de chegar à superação do tempo.[15]

A recordação é o veículo com o qual se empreende um retorno ao lar do sujeito em si mesmo. Mas tudo o que Niels Lyhne experimentou foi sem sentido e a vida interior do herói tornou-se tão "frágil" (*brüchtig*) como seu meio ambiente. Perdeu a confiança em si próprio. Para ele, o existente estilhaçou-se e o seu interior ficou impreg-

---

15 Essa nova função essencial do tempo no romance é formulada na *Teoria do romance* tendo a *Educação sentimental* de Flaubert como ponto de partida. Antecipa, nesse sentido, o que vem à luz apenas no desenvolvimento posterior do romance de Proust, passando por T. Mann e R. Musil até U. Johnson. A descoberta de uma *Recherche du temps perdu*, como retorno ao lar no passado e uma repetição do passado é – segundo J. M. Berstein (1984, p.134) – "um caso limite no qual a vida se encontra com a arte, onde a arte de viver se inverte em vida dedicada à arte". Sobre o papel da recordação em *Jahrestagen* [Dias do ano] de Uwe Johnson, observa Christa Bürger: "O trabalho da recordação em *Jahrestagen* de Johnson é uma luta contra a sedução da *mémoire involontaire*, contra a atração 'do pulo do gato da recordação' das imagens trapaceiras, que a excitam. Muitas passagens dos *Jahrestagen* podem ser lidas como uma confrontação mitigada com Proust" ("*Uwe Johnson: Der Erzähler*" em Bürger & Bürger, 1988, p.371).

nado do sem sentido desse. A tentativa de configurar uma totalidade de vida fracassa.

Segundo as *Anotações*, nos romances de Dostoiévski, com exceção de *Crime e castigo*, estão ausentes a esperança e a recordação, a tentativa da superação do tempo como *durée* etc., esses elementos essenciais da composição do romance de desilusão. Melhor dizendo, Raskolnikov seria o único caso. É o único herói de Dostoiévski que pode ser comparado com os tipos do romance de desilusão. No final, Raskolnikov torna-se desiludido.

Em comparação com as outras figuras, já se resignou, arrependeu-se, quando estava preso na Sibéria. Ele afirma que tomou a decisão de assassinar por causa de seu "caráter leviano e desalentado".[16] Ele vivencia a acidentalidade, o azar, ao ter que matar a segunda senhora, logo após se sente culpado, desenganado de si mesmo. Aliocha, Ivã, Mishkin, Hipólito, Stavrogin etc. não vivem nada comparável, por essa razão, para eles, "o retorno ao lar neles mesmos" (Lukács, 1994, p.114) é algo estranho.

A forma dos romances de Dostoiévski não tem nada a ver com aquela "virilidade madura". Resta a pergunta: até que ponto Raskolnikov deixa de ser um tipo de herói do romance de desilusão? Em poucas palavras, por causa do amor, ou seja, em razão de Sofia Marmieladov. Por isso não decide apenas continuar a viver, mas amar o outro. Apesar de Dostoiévski não ter configurado nenhum casal convencional, aqui vence um grande amor (cf. Lukács, 1985, p.48). Dostoiévski é o primeiro que não configura mais a "desilusão" (cf. ibidem, p.48).

Nesse sentido, a tipologia dos heróis dos escritores europeus ocidentais não vai além do âmbito da "Disposição". Eles vivem no inferno dos "apátridas transcendentais". O mundo lhes aparece como desilusão, perderam-se do caminho transitável – como é representado no drama de Strindberg *Até Damasco*: os heróis perdidos não es-

---

16 Prefácio de Dostoiévski ao *Crime e castigo*.

74 CARLOS EDUARDO JORDÃO MACHADO

peram o inferno, pois sabem de antemão que o inferno já é a vida cotidiana "moderna".[17]

O "Isolamento"

O segundo nível de vida, "O Isolamento", é exemplificado por Ivã Karamazov. A "solidão" é um âmbito de transição. Ivã é um ateu representativo da "solidão"; é o "indivíduo abstrato" com o conceito "abstrato" de liberdade. Nesse nível de vida, o isolamento do indivíduo se manifesta como um período necessário de uma época da "pecaminosidade completa", no sentido das palavras de Fichte. Ivã é, no entanto, um tipo de transição, uma manifestação de crise.

A passagem seguinte é iluminadora para se compreender esse tipo de ateu que ainda crê em Deus. Ivã, em sua conversa alucinada com o diabo, diz: "quando a humanidade se separa inteiramente de Deus, o espírito do indivíduo se eleva em um orgulho titânico, divino e dele nascerá o homem-deus" (apud Lukács, 1985, p.62). Ele já está um passo distante do egoísmo de Niels Lyhne – mas ainda vacila. Diz Lukács:

> A última vacilação do tipo que Ivã representa é entre ser e o não ser de Deus (eles são ateus que ainda acreditam em Deus...) por isso como conseqüência do não ser de Deus não é uma nova moral, mas tudo é permitido (e deve fracassar). (ibidem, p.62)

O mundo que Dostoiévski configura, segundo Lukács, "é o caos do solipsismo ético". A liberdade neste mundo (burguês) pode ser apenas um solipsismo ético, e por conseguinte a sua liberdade "abstrata": "Tudo é permitido" – igual à liberdade abstrata da ação de Raskolnikov ao se decidir matar a velha Aliona Ivanovna. Lukács compara até mesmo da perspectiva do nível de vitalidade Ivã Kara-

---

17 Segundo Walter Benjamin (1983, p.592): "Conforme Strindberg em *Nach Damaskus*, o inferno não é o que nos espera, mas esta vida aqui".

mazov com Rodion Raskolnikov, daí o ímpeto por um perdão geral tão manifesto em ambos os heróis.

Não se trata mais de uma busca pela própria alma, ao contrário, eles sabem que a situação de salvação da vida como problema vital se encontra na própria vida. Já que o mundo empírico não é superável – diz Lukács – "odeia-se ou o outro ou a si próprio, toda vez que se percebe a causa" (ibidem, p.70). Ivã é um individualista, e portanto não é um russo; segundo Lukács, o problema russo é representado por Dostoiévski da seguinte maneira: "o encontrar a si mesmo da alma é o encontrar o outro" (ibidem, p.60). Ivã fala do modo mais claro sobre o amor ao próximo: "Nunca pude compreender como se pode amar ao próximo. Justamente ao próximo, segundo minha opinião, é impossível amar; amar só é possível, no limite, o distante" (apud ibidem, p.60).

Nesse nível de vida Hipólito Terentiev, o amigo do príncipe Leó Mishkin, de *O idiota*, pode ser também comparado com Ivã Karamazov e Rodion Raskolnikov. Entre os ateus de Dostoiévski são eles os seus intelectuais. Todos se encontram no segundo estrato do ateísmo. Hipólito é um tipo decidido como Ivã, que não ama nem a si nem aos outros. A solidão é um período de transição necessário, mas Ivã e Hipólito encontram-se já distantes do mundo da "pecaminosidade completa".

Vejamos mais de perto como Lukács interpreta a situação de Hipólito como moribundo. Hipólito diz que se não fosse tuberculoso, já se teria matado, sua decisão de se suicidar é tomada de antemão: "Você sabe" – conversando com Mishkin – "que se eu não fosse tuberculoso já me teria matado" (apud ibidem, p.69). Ele leva suas idéias até o fim, o mundo exterior não representa para ele um limite, não há leis em torno dele mesmo. Como Raskolnikov, representa suas idéias como um possesso. Segundo Lukács: "Fanatismo das idéias – e despojos de idéias" (ibidem, p.69).

Como moribundo, Hipólito lamenta se não deveria ter matado uma dúzia de pessoas anteriormente, ao ler o texto de sua "Explicação essencial":

76   CARLOS EDUARDO JORDÃO MACHADO

Não admito a quem quer que seja o direito de me julgar, já que me considero haver ultrapassado o limite de qualquer julgamento. Ainda não há muito tempo me dei ao capricho de me imaginar – caso me desse a fantasia de matar alguém, uma dúzia de pessoas duma só vez, por exemplo, ou de cometer um gesto congênere, inteiramente aloucado, algo que assumisse a característica do crime mais nefando do mundo – em que apuros se veriam os meus juízes sabendo que eu, por causa de minha doença, não duraria mais do que duas semanas? (apud ibidem, p.72)

Hipólito é um ateu, para ele a morte é um exemplo da insuperabilidade da natureza sem sentido. Lukács toma a recepção de Hipólito da "Deposição de Cristo" de Holbein para determinar sua concepção atéia; isto é, para Hipólito a morte de Cristo é mera natureza pura e simples e, como tal, teologicamente, sem sentido. O quadro de Holbein aparece duas vezes no romance. A primeira, quando Mishkin o observa. Ele o olha e Rogozhin lhe pergunta se acredita ou não em Deus. Imediatamente é assaltado por pensamentos e diz em voz alta: "Este quadro! Diante deste quadro muitos podem perder a fé" (apud ibidem, p.287).[18] A segunda vez, quando Hipólito lê o texto das suas confissões:

No quadro de Rogozhin não havia o menor vestígio de beleza. Tratava-se tão-só, em tudo e por tudo, do cadáver dum homem que padeceu infinita agonia antes de morrer crucificado... E o mais estranho é que ao se olhar para aquele cadáver de homem torturado uma pergunta bizarra se levanta: se aquele cadáver (e o de Cristo deve ter ficado assim) fosse visto por Seus discípulos, por aqueles que teriam que ser os Seus principais apóstolos, pelas mulheres que O seguiram na via-sacra e que permaneceram ao pé do madeiro, por todos que acreditaram n'Ele e O adoraram antes, como haveriam agora de acreditar que esse mártir ressuscitaria? A pergunta acode instintivamente: se a morte é tão terrível e

---

18   Lukács discute novamente essa cena quase cinqüenta anos depois na sua *A peculiaridade do estético*, no capítulo "A luta de libertação da arte" em *Ästhetik IV* (Neuwied: Luchterhand Verlag, 1972, p.98-141).

AS FORMAS E A VIDA **77**

se as leis da natureza tão poderosas, como poderiam elas ser derrotadas?... (apud ibidem, p.71)[19]

Raskolnikov personifica o "fazer o bem pessoal". A sua postura diante do pai de Sofia Marmieladov é um exemplo disso. O velho Marmieladov está morto e Raskolnikov entrega à viúva Catarina Ivanova todo o seu dinheiro para o funeral, com as palavras de Lukács: "Raskolnikov sacrifica simplesmente 'tudo' por Marmieladov". Em seu texto de confissões, Hipólito entende, por seu lado, esse problema da seguinte maneira:

> Quem ousa realizar uma "boa ação" pessoal, realiza a natureza do homem e despreza o valor da personalidade ... A única boa ação sempre permanecerá sendo quando esta é então uma necessidade da personalidade e a necessidade vital é a relação de uma personalidade com outra. (apud ibidem, p.147)

Lukács vê na passagem citada uma configuração essencial, "a dialética mais real" do tipo revolucionário que sacrifica sua alma (cf. ibidem, p.87).

Hipólito é um ateu. Ele age tal qual o herói suicida de *Os possessos*, o engenheiro Alexei Kirillov, o terrorista. Kirillov diz: "Se Deus não existe, logo eu sou Deus" (Dostoiévski, 1985, p.905). Ele se acredita compelido a se matar, pois o ponto mais importante e elevado de sua vontade própria é matar a si mesmo. Essa decisão encontramo-la também em Hipólito, para ambos o suicídio não é apenas um acontecimento da vida, uma idéia, que nunca é transformada em ação, mas uma categoria da vida, o suicídio é o ponto culminante de um indivíduo livre (*abstrato*).

"O suicídio é um delito contra Deus", escreve Lukács citando Kierkegaard: "O suicídio é 'revolta contra Deus', o que é percebido por Kirillov. Além disso, o suicídio é, no entanto, o fim da [segundo

---

19 Sobre esse quadro de Holbein, observa Lew Schestow que a descrição de Hipólito é um desdobramento das idéias de Pascal (cf. "Vom Überzeugungswandel Dostojewski" em Schestow, 1963, p.254).

78 CARLOS EDUARDO JORDÃO MACHADO

Kierkegaard] 'reclusão absoluta (*absolute Verschlossenheit*)'" (Lukács, 1985, p.163).[20] Kirillov não acredita em Deus, mas fala "disso". Apesar de ser ainda um "indivíduo abstrato", como também o são Ivã e Hipólito, ele não vacila. Para Kirillov, Deus está morto e não é um mero equívoco esclarecido como é para Niels Lyhne. Kirillov já defende uma visão antropológica do ateísmo, como ele próprio diz: "O homem é infeliz, porque não sabe que é feliz. Unicamente por isso. Tudo está nisso; tudo, tudo. Aquele que o descobrir, imediatamente será feliz ...Tudo é belo e bom" (Dostoiévski, 1985, p.326).

Lukács compara essa fala de Kirillov com a narrativa do destino de vida do *staretz* Zósima e também com as confissões de Hipólito, já citadas. Kirillov, *staretz* Zósima e Hipólito vivem a vida como uma prova no sentido de *I go to prove my soul*. O *staretz* sabe que o monge e o sábio hindu não correspondem à nossa forma de vida, que um delinqüente pode ser um insurreto contra o poder injusto e repressor, que em Roma há mais de mil anos era o Estado que pregava em vez da Igreja etc. (cf. apud Lukács, 1985, p.65). Por isso manda Aliocha de volta para a vida (ibidem, p.73). "Tudo é bom", diz Kirillov, o mesmo fala também Zósima (cf. ibidem, p.80). Trata-se não mais de um ateísmo europeu-ocidental, que não crê mais em Deus e não quer falar "disso". Segundo Lukács: "Apenas Kirillov, Stavroguine e Ivã falam disso. Por essa razão Dostoiévski é orgulhoso de seus ateus" (ibidem, p.140-1).

Para o jovem Lukács, sentimento e idéia em Kirillov são uma mesma coisa. Ele anotou a seguinte passagem, um diálogo entre Stavroguine, que antevê o seu próprio futuro, e Kirillov:

> Claro que compreendo isso – o suicídio – falou Stavroguine ... Tenho pensado muito nisso. Mas então me ocorria uma nova idéia: se a gente cometesse um crime, ou qualquer ação vergonhosa, uma vilania especialmente covarde, e ... ridícula, uma coisa que os homens recordassem durante séculos e que mil anos depois ainda lhes provocasse re-

---

20 Veja a seção intitulada "A reclusão", no capítulo conclusivo deste trabalho.

AS FORMAS E A VIDA 79

pulsa... E de repente este pensamento: "uma bala na cabeça e nada mais existe"... "E você chama a isso de uma idéia nova?" – perguntou Kirilov... – "Não ... não digo que seja nova, mas quando me apareceu, senti-a como nova" – "Você sente um pensamento?" – insistiu Kirillov. "Isso é bom. Há muitas idéias que se tornam de súbito algo de novo para alguns. É exato. Vejo agora muitas coisas como da primeira vez". (apud ibidem, p.68-9)

A resolução de Kirillov de matar-se como um ato livre traz ainda em si um conceito abstrato de liberdade. O que vale também para os outros heróis desse nível de vida (Ivã, Rodion e Hipólito). Essa abstratividade é, contudo, superada, já que eles agem de maneira que põem fim à solidão do "indivíduo abstrato", isto é, a sua personalidade é sacrificada. Não pensam apenas em si, mas nos outros.

A "revolta" ou os "homens da bondade"

Sofia Marmieladov de *Crime e castigo*, o príncipe Mishkin de *O idiota* e Alexei Karamazov de *Os irmãos Karamazov* representam os "homens da bondade" na perspectiva do ensaio "Da pobreza de espírito": "O príncipe Mishkin e Aliocha são homens da bondade; mas o que significa isso? Seu conhecimento tornou-se ação, seu pensamento abandonou o meramente discursivo do conhecimento, sua consideração dos homens tornou-se uma intuição intelectual: são gnósticos da ação" (Lukács, 1990, p.74). Nas *Anotações*, eles pertencem ao mais elevado nível de vitalidade: "a) Rogozhin, Dimitri etc./b) Raskolnikov, Ivã/c) Mishkin, Aliocha" (Luckas, 1985, p.68). Eles estão bem distantes da passionalidade desenfreada de Parfen Rogozhin e Dimitri Karamazov, do caráter possesso de Raskolnikov e Ivã, para não falar da desilusão de Niels Lyhne. O que é impossível da perspectiva do conhecimento discursivo, para eles tornou-se realidade.

No mundo contingente e tornado sem sentido, eles não têm que agir de outro modo que não queiram. Estão além dos compromissos, agem, e, ao fazer isso, não pensam em si, mas nos outros. A alma

Figura 7 – Lukács (1915) – (Fekete & Kurádi, 1981, p.64).

dos homens da bondade está além da imediatidade da vida cotidiana. Essa possui uma propriedade peculiar em relação aos outros homens: "A alma dos homens da bondade tornou-se vazia de todo conteúdo psicológico, dos fundamentos e resultados, tornou-se uma pura folha em branco sobre a qual o destino escreve ordens absurdas, e essa ordem é levada cega, audaz e terrivelmente até o fim" (ibidem, p.78). Os homens da bondade escolheram o caminho que se contrapõe a todos os outros e o fazem com propósito de uma "ação heróica rápida" que leve a alma a uma encruzilhada. Isso significa, segundo Lukács, fazer da vida um conflito: não há entre idéia e vida nenhuma harmonia preestabelecida.

Lukács traça um paralelo entre Mishkin e Aliocha de Dostoiévski e Kaliaiev, o simbólico representante do ateísmo russo, aquele que está, em sua tipologia dos ateus, no âmbito mais elevado. A esse respeito podemos supor, como faz Fehér (1977a, p.308), que Aliocha, baseado no esboço do próprio Dostoiévski para uma possível continuação do romance, terminaria como terrorista revolucionário. Esse provável destino de Aliocha já pode ser antevisto logo no início do romance, no momento em que o narrador apresenta ao leitor os seus heróis: "'Eu quero viver para a imortabilidade, mas não faço compromisso'. Mas que se transformaria de súbito em um ateu e socialista, no entanto, caso se convencesse de que a imortalidade e Deus não existem" (apud Lukács, 1985, p.58).

As categorias de um novo épos

A "infantilidade normativa"

A afinidade entre Aliocha e Mishkin deixa-se ver antes de tudo pelo apreço e afinidade com as crianças. Os episódios mais importantes são a amizade entre Aliocha e o grupo de crianças, sobretudo com Iluscha Sneigiróv, em *Os irmãos Karamazov*, e também a amizade de Mishkin com Maria e o grupo de crianças na Suíça, em *O idiota*. Como podemos perceber mais claramente no "Alocução perto da pedra" (Epílogo de *Os irmãos Karamazov*), eles pretendem construir uma "República das crianças" (Luckhardt, 1994, p.168).

A república das crianças é a contra-imagem de uma sociedade da qual ambas as figuras foram excluídas. Não se trata de uma preferência pelas crianças como manifestação de um novo mundo, uma mera nova geração, mas muito mais, o "infantil" como expressão de um modo de vida não limitado pelas convenções como o dos adultos. Dizendo de outro modo, eles são adultos que não desaprenderam a expressar sua substância anímica "infantil". Agem como se conhecessem tudo e de nada soubessem.

Em última instância, pergunta Lukács (1985, p.64): "O que o homem da bondade conhece?". O significado do infantil nos romances de Dostoiévski é ressaltado por Lukács com as palavras de Novalis do livro de aforismas *Pólen*: "Onde estão as crianças, lá está uma época de ouro" (n.97, apud ibidem, p.43).

As crianças respondem, nos romances de Dostoiévski, pelo novo mundo, mostram o caminho de saída da pecaminosidade, como entende Dimitri Karamazov. Por causa do infantil ele vai para a Sibéria, e diz: "Pelo 'infantil' vou para lá. Pois todos são culpados por tudo" (apud ibidem, p.59). Toma essa decisão porque descobriu em si um novo homem. Como diz aos jurados: "Se vocês me permitem dizer livremente – irei orar por vocês. Tornar-me-ei um indivíduo melhor" (apud ibidem, p.61).

Uma criança é também a viúva de Marmieladov, Catarina Ivanova. Diz Sofia Marmieladov sobre ela: "Ela mesma não nota como é impossível fazer justiça entre os homens – Ela é uma criança". (apud ibidem, p.66). Para Nastasia Filoppovna, de *O idiota*, a sua rival Aglaia Ivanovna é também uma criança, melhor dizendo, um anjo: "...Veja esta pequena senhorita! Eu a tomei por um anjo!" (apud ibidem, p.75).

Segundo o modelo da *Estética* de Hegel, no qual a unidade de interior e exterior, de conteúdo e forma só foi alcançada na Antigüidade grega, na *Teoria do romance* a epopéia antiga aparece como o momento em que a alma ainda não conhece em si nenhum abismo:

AS FORMAS E A VIDA **83**

Ser e destino, aventura e perfeição, vida e essência são então conceitos idênticos. E a inacessibilidade e o caráter inalcançável de Homero – e em sentido rigoroso, apenas seus poemas são épica – se deve ao fato de que encontrou a resposta antes que a marcha do espírito na história permitisse que se formulasse em alta voz a pergunta. (Lukács, 1994, p.22)

O dever-ser é para os heróis da épica apenas uma questão pedagógica, uma expressão para o ser que ainda não retornou ao lar (*Noch-nicht-heimgekehrt-Sein*). Há um vasto caminho diante de si, mas não há nele nenhum abismo ameaçador (cf. ibidem, p.25). Ele pergunta: como pode a vida tornar-se essencial e não como pode a essência tornar-se viva. Esta última questão é colocada pelo herói trágico que já é consciente de que, na vida, a imanência essencial se perdeu. Na marcha do espírito na história, o mundo dilacerado (*zerrissene*) torna-se novamente uma totalidade unitária e nítida em Giotto e Dante, em Wolfram e Pisano, em Tomás e Francisco: "Assim se fez da Igreja uma nova pólis" (ibidem, p.29).

Para o mundo de Dante, apenas no mais além é atual a imanência do sentido da vida, suas baladas tornam-se cantos de uma epopéia, e, como conseqüência, uma totalidade de vida configurada e fechada em si mesma. Em sentido estrito, o herói da epopéia nunca é um indivíduo, não possui destino algum, a não ser o da comunidade. Os heróis de Dante são já indivíduos, mas o mundo é ainda sem distância e compacto da epopéia. A arquitetura hierárquica prepondera sobre a mera organicidade. A *Divina comédia* representa, assim, uma transição histórico-filosófica da pura epopéia ao romance. A totalidade do mundo de Dante é aquela do sistema visível dos conceitos, a totalidade do romance é "abstrata": "O romance é a forma da virilidade madura ao contrário da infantilidade normativa da epopéia" (ibidem, p.61).

A "infantilidade normativa" coloca um novo problema que não vem à luz no romance como forma. Segundo Lukács, o romance é a forma da "virilidade madura", e os heróis de Dostoiévski, pelo menos os personagens principais, não são de modo algum maduros. Essa diferença essencial entre a forma do romance e os romances de

84 CARLOS EDUARDO JORDÃO MACHADO

Dostoiévski é determinada por Lukács com clareza nas *Anotações*: "O infantil dos heróis [de Dostoiévski] – A maturidade dos outros" (Lukács, 1985, p.35). Ou, de acordo com as palavras de Walter Benjamin (1980c, p.240): "O ilimitado poder de cura da vida infantil" é configurado com máxima clareza nos romance *Os irmãos Karamazov* e *O idiota*.

Para Lukács, os "homens da bondade" de Dostoiévski são infantis. O ser ainda-não-maduro dos heróis engendra uma nova problemática que influencia toda a estrutura formal do romance. Por isso separa os romances de Dostoiévski da forma do romance em geral e os aproxima do épos. Lukács formula até mesmo a questão, se Dostoiévski não seria já o Homero ou o Dante de um novo mundo. Depois da "sentimentalidade" de séculos, Dostoiévski é, em relação ao desenvolvimento da configuração da realidade da alma, "o primeiro poeta ingênuo – no sentido empregado por Schiller".[21]

No épos antigo não há nenhuma separação entre interior e exterior, entre ser e destino, entre vida e essência; em poucas palavras, não há nenhum outro para a alma, mas também não há nenhuma interioridade. No mundo compacto do épos antigo a interioridade moderna não poderia mais respirar (cf. Lukács, 1994, p.25). Se Dostoiévski representa precisamente a "pura realidade da alma", então a aproximação com a epopéia não é tão simples como pode parecer, é necessário tentar então destrinçar a análise formal de Lukács de Dostoiévski como uma forma renovada do épos.

Recapitulemos, resumidamente, sua tipologia do romance como forma: o romance do idealismo abstrato, cujo modelo é o *Don Quixote* de Cervantes; a *Educação sentimental* de Flaubert como a grande obra do romance de desilusão; e o *Wilhelm Meister* de Goethe como exemplo do romance de educação. Cada tipo corresponde a determinadas categorias: o demonismo ao idealismo abstrato; a duração como *durée* e o papel da recordação ao romance da desilusão, e a profissão na caracterização do herói ao romance de educação. Ter em

---

21 Lukács, "Béla Balázs, Tötliche Jugend" em Karadi & Vezer (1985, p.155).

AS FORMAS E A VIDA **85**

mente esse esquema desenvolvido na *Teoria do romance* de uma interpretação histórico-filosófica do romance como forma é essencial, pois esse reaparece nas *Anotações sobre Dostoiévski*.

O risível

A criança age de modo imediato, intuitivo e expressa de modo direto a sua substância anímica. Disso resulta o problema do risível: podem os adultos agir como uma criança? Quando isso acontece, não se tornam risíveis? Porém o risível de seus atos, segundo Lukács, é o resultado da força dominante do "espírito objetivo". Aliocha é o que expressa isso de modo mais claro: "Hoje em dia quase todos os indivíduos de talento temem, em sua maioria, o risível" (apud Lukács, 1985, p.59). Mishkin não diz algo diferente:

> E por isso devemos nos deixar desconcertar por meio do nosso risível, não é verdade? Isso é decerto assim, somos risíveis, descuidados, temos maus hábitos, nos aborrecemos, não aprendemos a observar, a apreender, assim somos todos nós, todos... (apud ibidem, p.75)

O risível é caracterizado por meio de amplas e variadas nuanças de tipos humanos em Dostoiévski. O príncipe Mishkin é indubitavelmente o seu herói mais expressivo; ele é risível, porque é sério. Não é por acaso que em *O idiota* a balada do "Pobre cavaleiro" possui um grande significado. Refiro-me ao episódio em que Aglaia declama o poema por ela mesma escrito; todos os presentes riem, incluindo o príncipe. Em seguida, durante a sua exposição, ela muda as letras que aparecem nos versos A M D (*Ave Mater Dei*), colocando N.F.B., ou seja, Nastasia Filoppovna Barachkova.

A sua intenção de troça deixou Mishkin em grande confusão. Mishkin parece ser um irmão gêmeo de Quixote. Ele é, no entanto, risível, não grotesco. O próprio príncipe reconhece essa proximidade ao refletir a respeito:

> O "pobre cavaleiro" é um tipo de Don Quixote, mas um tipo sério, não cômico. Não o entendi, no início, e ri-me dele; porém agora amo o

"pobre cavaleiro" e tenho a maior consideração pelos seus atos. (Dostoiévski, 1976, p.388)[22]

O caráter risível dos heróis de Dostoiévski constitui um problema que Lukács analisou, já em sua *Teoria do romance*, como elemento essencial da forma do romance. Trata-se da problemática do demonismo e, por conseguinte, da ironia no romance do idealismo abstrato, cujo exemplo clássico é *Don Quixote* de Cervantes, problemática essa que é intensificada em Dostoiévski. Lukács (1985, p.58) chega mesmo a afirmar que com Dostoiévski o demonismo ganha sentido. Mas a diferenciação entre o demonismo do romance do idealismo abstrato e aquele compreensível e dotado de sentido em Dostoiévski permanece ainda esquemática e abstrata. Dever-se-ia procurar compreender o problema do risível justamente em conexão (com Dostoiévski) com o "sentido" do demonismo.

De qualquer modo, deparamos com uma figura – uma categoria essencial do romance elaborada em sua *Teoria do romance*. O demonismo é potenciado nos romances de Dostoiévski. Uma intensificação, pois não se trata mais de "estreitamento da alma", como é caracterizado o demonismo do romance do idealismo abstrato, assim como também não se trata da ironia como *docta ignorantia* em relação ao sentido, a reflexão do indivíduo criador como mero postulado, mas de uma superação dos limites do mundo dominado pelas convenções. O heróis de Dostoiévski são risíveis apenas em relação à força dominante do "espírito objetivo". Seus heróis são "luciferinos": a alma do herói é para ele mesmo compreensível e para ele é reconhecível também a conexão de sentido do mundo.

---

22 Erich Auerbach observa o seguinte: "Certamente a pureza e a imediatidade do louco poderia ser do tipo, mesmo sem a pretensão concreta de efeito, que em geral, onde ele aparece, atinge espontânea e despretensiosamente o coração da coisa, de modo que os conflitos em suspensão e mitigados tornam-se atuais; que se pense em *O idiota* de Dostoiévski. Ao mesmo tempo, pode acontecer que o louco assume para si uma tal responsabilidade e culpa de modo a torná-lo trágico. Nada desse tipo ocorre no romance de Cervantes" ("Die verzauberte Dulcinéia" em Auerbach, 1988 [ed. bras., 1998, p.299]).

AS FORMAS E A VIDA **87**

O demonismo é algo estranho à tragédia e à epopéia: a tragédia não conhece nenhuma diferença entre Deus e o demônio, e na epopéia o demônio é impotente e fraco quando este pisa em seu solo. Os heróis da epopéia são conduzidos ao longo de seu percurso por divindades. O demonismo só vem à luz quando os deuses já abandonaram o mundo (cf. Lukács, 1994, p.76). Os heróis de Dostoiévski são eles mesmos deuses de um mundo no qual Deus já está morto, por isso não são desiludidos como os outros homens abandonados por Deus – são "luciferinos".

O demonismo

Com o *Don Quixote* de Cervantes é configurada uma forma que não tem mais nada a ver com o romance de cavalaria. Ele surge contra esse último como polêmica e paródia, mostrando que o romance de cavalaria perdeu sua relação transcendente e que a perda dessa convicção o transformou em algo banal e superficial. Mostra que o destino de toda épica possui sua hora histórica precisa; que o Deus do cristianismo começou a abandonar o mundo e que o indivíduo permaneceu isolado nesta vida mais aquém. Como resultado de tudo isso, o puro heroísmo deve se transformar em grotesco, a crença convicta em loucura, pois o caminho até a pátria transcendental tornou-se intransitável (cf. Lukács, 1994, p.90).

A nova problemática apresentada em *Don Quixote* é determinada na *Teoria do romance* da seguinte maneira:

> Aqui se revela de modo mais claro o caráter não divino mas demoníaco desse ser-possesso e ao mesmo tempo sua confusa e fascinante semelhança demoníaca com o divino: a alma do herói está em repouso, reclusa em si e em si consumada como uma obra de arte ou como uma divindade; esse modo essencial não pode se manifestar no mundo externo a não ser por meio de aventuras inadequadas que apenas carecem de força de contestação para o próprio isolamento maníaco ... Desse modo, o máximo de sentido vivido e alcançado se converte no máximo do sem sentido: a sublimidade se converte em loucura, em monomania. (ibidem, p.86)

Nos romances de Dostoiévski não há nenhum contraste entre poesia e vida. O problema do "encantamento" como realidade da metafísica para os seus heróis não é mais loucura, monomania, uma mera irrupção patológica, mas uma "realidade da alma". "Dostoiévski apresenta uma posição inteiramente nova", diz Lukács (1985, p.50), "que o situa além desses contrastes". Entre ideal e realidade, entre ação e contemplação não há nenhum abismo, pois nele as idéias são sempre ação (cf. ibidem, p.41-2). Nele a idéia de realidade é fundamento do próprio real. Por este motivo o risível possui nele um outro significado, esse não é nem grotesco nem irônico, mas uma ação dotada de sentido, o que não significa que acredite em uma transcendência tornada vazia ou que expresse sua impotência ironicamente diante de uma realidade tornada sem sentido.

Se houvesse uma afinidade entre o príncipe Mishkin e o Don Quixote, essa seria em sentido invertido e superado. Dito de maneira mais precisa, a ação de Mishkin representa o conteúdo da "segunda" ética. Ele pode falar tanto de Deus como do demônio. Não é como os ateus europeus ocidentais, que não querem falar "de Deus", como na passagem citada por Lukács: "Vem-me à mente" – diz Mishkin – "toda vez que me encontro com ateus ou quando leio seus escritos que eles não falam *disso* [de Deus] mesmo se têm mil vezes essa intuição" (apud ibidem, p.78).

A profissão

A profissão (*Beruf*) desempenha um papel decisivo na determinação do romance de educação. No *Wilhelm Meister* de Goethe essa torna-se o veículo da narrativa. O romance de educação situa-se tanto estética como histórico-filosoficamente entre o romance do idealismo abstrato e o romance de desilusão. Seu tema é a reconciliação do indivíduo problemático com a realidade social (cf. Lukács, 1994, p.117). Nele a subjetividade que detém a palavra não é apenas o resultado de um idealismo moderado e dócil, mas contém em si também traços de uma alma não contemplativa e aberta.

AS FORMAS E A VIDA   **89**

Segundo Lukács (1994, p.118), a interioridade do herói do romance de educação é a tentativa de se chegar a uma síntese de idealismo e romantismo e ao mesmo tempo de superar ambos. A humanidade é a convicção fundamental do romance de educação. Essa e a crença na possibilidade de um destino comum e de configurações de vida representam um papel essencial na configuração desse tipo de romance. Se essa convicção desaparece, o romance de educação se aproxima do tipo do romance de desilusão. Lukács se apóia tanto na *Teoria do romance* como nas *Anotações sobre Dostoiévski* nos comentários críticos de Novalis a Goethe:

> *Os anos de aprendizagem de Wilhelm Meister* de Goethe são decerto inteiramente prosaicos e modernos. Nele o elemento romântico cai por terra, e assim também a poesia da natureza, o maravilhoso. Trata-se meramente das coisas humanas do cotidiano, a natureza e o misticismo são inteiramente esquecidos. É uma história burguesa e doméstica poetizada. O maravilhoso é tratado então expressamente como poesia e exaltação (*Schwärmerei*). O ateísmo artístico é o espírito do livro... No fundo ... ele é apoético no mais alto grau por mais poética que seja a exposição. (apud Lukács, 1994, p.124)

Lukács faz a seguinte observação sobre as próprias intenções de Novalis em sua crítica a Goethe, sobretudo ao programa romântico de aproximar o romance do conto de fadas (*Märchen*) como restabelecimento de uma unidade dilacerada entre realidade e transcendência que, no entanto, não pode se tornar uma verdadeira totalidade, pois redunda mais em uma "romantização da realidade". Em um conto de fadas tudo termina bem. Lukács valoriza os traços dessa forma de narrativa particularmente em seu caráter não-trágico e antimetafísico. As figuras aparecem por meio de suas ações como em um conto de fadas, mas não a vivenciam, permanecem na superfície da realidade como mera decoração (cf. Lukács, 1998, p.13-6).

Nas *Anotações*, *Wilhelm Meister* aparece como exemplo de um romance no qual apenas a "primeira" ética é representada; por isso mesmo a profissão desempenha um papel tão importante como meio de caracterização. Em *Wilhelm Meister* são configurados virtu-

90   CARLOS EDUARDO JORDÃO MACHADO

de e posição, nas palavras de Lukács (1985, p.41), "primeira ética absoluta". A reconciliação do indivíduo problemático com a realidade, que em *Wilhelm Meister* constitui o fio da meada, não possui nenhum significado para a estruturação formal da ação em Dostoiévski. Ele não configura sua narrativa geneticamente como Goethe o seu *Wilhelm Meister*. A ação em Dostoiévski acontece sempre no presente; o que seus heróis fazem é vivido como *durée*, mas não no passado. A contingência é dada, e sem importância, como se tudo se tornasse emanação e o resultado disso, a "realidade da alma". A duração do primeiro dia, a cena com Mishkin e Rogozhin no trem, a alusão ao nome e depois a visão do retrato, até chegar ao contato com a pessoa de Nastasia Filoppovna são os exemplos disso.[23]

Lukács (1985, p.62) aproxima essa complicada construção – em que tudo o que acontece se desdobra por meio de uma unidade centrada do tempo – à forma da novela. Para Lukács, o aburguesamento dessa linha conduz ou para fora da sociedade ("primeira" ética), dando origem ao romance policial – um gênero que compara com os romances de Dostoiévski –, ou "para fora espaço-temporalmente do círculo cultural burguês (o histórico romance de aventuras)" (ibidem, p.43).

Mas Dostoiévski não tem nada a ver com ambos os exemplos. A profissão é nele um tema totalmente irrelevante: "Na alma", diz Lukács, "é novamente encontrada a aventura" (ibidem, p.43). O caso de Ivã Karamazov é um bom exemplo da irrelevância da vocação como tema em Dostoiévski. Ele é um escritor – Lukács observa marginalmente que ele (como Stavroguine) sempre propagam as opiniões de Dostoiévski (cf. ibidem, p.81)[24] – mas essa ocupação não representa nenhum papel como meio para sua caracterização.

Quando Ivã narra ao seu irmão Aliocha a parábola do "Grande Inquisidor", ele não a havia transcrito anteriormente. Chega até mesmo a afirmar que ao longo de sua vida nunca escrevera dois versos, o que ele lhe narra do poema é apenas o que foi retido na memó-

---

23 Cf. Lukács, "Béla Balázs, Tödliche Jugend", em Karadi & Vezer (1985, p.154).
24 Cf. Lukács, "La confession de Stavroguine" em Löwy (1978, p.70-6).

ria. Dostoiévski mostra um mundo além das convenções; por essa razão Lukács ressalta que seus heróis superaram seus vínculos de classe. Em relação à realidade da alma, essa superação da determinidade social traz como resultado uma inversão radical do posicionamento sociológico dos indivíduos. Como se pode ler no seu ensaio, já citado, sobre Béla Balázs, escreve Lukács:

> Lear se retira como rei no Panteon de sua eternidade assim como Quixote como cavaleiro e quando Wilhelm Meister e Levin estabelecem uma harmonia com Deus e o mundo, permanecem no entanto burgueses cultos ... Tampouco Mishkin como Knia, o general Japantchin ou Rogozhin são apenas burgueses milionários, são almas nuas concretas e suas relações concretas uns com os outros contêm menos elementos polêmicos do que suas formas de manifestação social. (cf. Karadi & Vezer, 1985, p.156)

A *durée*

Apenas quando se rompe a união com a pátria transcendental é que a temporalidade pode se tornar constitutiva. O tempo é a matéria do romance: "o ter-que-procurar e o não-poder-encontrar da essência" (Lukács, 1994, p.108). A duração é uma categoria essencial do romance de desilusão: "uma luta contra o poder do tempo" (ibidem, p.109). O romance, por ser a própria forma do apátrida transcendental, configura o tempo real, a *durée* de Bergson. A duração é um de seus princípios constitutivos (cf. ibidem, p.107).

A *durée* é o decurso do tempo em que o não poder se conservar de uma subjetividade apátrida é fixado. A subjetividade trava uma luta em vão contra as formações sem idéia de um tempo não instável. A duração expressa a discrepância entre idéia e realidade. Apenas o romance pode representar essa vivência do tempo, melhor dizendo, configurar o decurso do tempo vivido de um indivíduo problemático. A duração é a estrutura temporal constitutiva do romance quando se perde o vínculo da subjetividade com a pátria transcendental (cf. ibidem, p.108). O apátrida procura um retorno ao lar em si mesmo.

Segundo Lukács: "É esse retorno ao lar que contorna *a posteriori* todo o iniciado, interrompido, abandonado: no estado de ânimo de sua vivência, o caráter lírico do estado de ânimo é superado" (ibidem, p.115). O decurso desse retorno ao lar dentro de si mesmo é uma recordação, a tentativa de se alcançar uma superação do tempo. Por meio da recordação de um indivíduo problemático e maduro é estruturada a totalidade da forma do romance. Com as palavras de Lukács (1994, p.114):

> Por isso a unidade de personalidade e mundo, apenas incipiente (*aufdämmernde*) na recordação, mas vivida, é em sua essência subjetivo-constitutiva, objetivo-reflexiva, o meio mais profundo e mais autêntico para se produzir a exigida totalidade da forma do romance.

Segundo Lukács, Dostoiévski não escreveu romance algum. As categorias essenciais desse gênero formal são superadas por meio da ação peculiar dos seus heróis. Lukács determina a particularidade dos romances de Dostoiévski por meio do próprio modo de agir desses heróis. Insiste que essa ação é vivida como uma *durée* no presente: seus heróis agem aqui e agora. Trata-se não de uma recordação de algo, que está enterrado no passado e que vem à luz por meio da recordação. Por isso em Dostoiévski não há mais a *durée* como "recordação".

Da perspectiva da construção conjunta do tempo como percurso, densidade e ruptura vem à tona, por meio de uma duração no presente, algo de novo: a realidade contingente é superada pela emanação da alma que os seus heróis irradiam ao agir. Da contingência quebradiça salta fora um contínuo. O tempo aqui não é um percurso meramente contingente e inesperado, mas uma duração vivida, no presente – uma "realidade metafísica".

A confissão de Hipólito, o diálogo entre Ivã e o diabo, o contato entre Nastasia Filoppovna e Aglaia Ivanovna, o funeral de Marmieladov etc. são ações vividas no presente. O modo como essa complexa composição da ação em Dostoiévski é construída – sempre centrada no instante vivido – Lukács o compara com a composição da ação no drama e na novela. O instante da ação é uma esfera do destino, afirma Lukács (cf. *DN*). Dostoiévski utiliza uma técnica da *catástrofe*: seus heróis atuam como *tabula rasa*, não conhecem nenhuma dimensão temporal fora do instante vivido e o mundo não resulta da *durée* e das formações objetivas como no romance.

Essa técnica da catástrofe tem o efeito – nas palavras de Benjamin (1980d, p.240) – de "uma queda gigantesca no fundo de uma cratera". A composição concentrada em Dostoiévski é, como no drama, uma tensão, que se realiza por meio da ação e sempre por meio do diálogo. A ação é como uma ordem do destino, um dever de "ir-até-o-fim". Realidade e ideal não estão em discrepância, assim como ação e contemplação (idéias, estado de ânimo, poesia). A ação não conhece limites, nem harmonia, por isso ganha também uma dimensão trágica. O heróis vivem seu destino até o fim. Mas não morrem, nem mesmo quando estão enfermos, como Mishkin. Sua imortalidade é sua juventude. "O trágico dos heróis de Dostoiévski reside em que" – diz Lukács (1985, p.69) – "entre idéia e vida não há nenhuma harmonia preestabelecida. Ou nega-se a alma ou nega-se a relação do indivíduo com os seus diferentes".

Lukács afirma, ao mesmo tempo, que Dostoiévski também não é dramático. A ação no drama não conhece tempo algum. Mishkin não sabe nada do esquecido, do que viveu. O inesquecível é o pressuposto imanente da vida, isto é, da temporalidade da vida "viva". Para ele essa vida permanece ao mesmo tempo sem forma e sem contorno.[25] Não se pode estancar a vida, mas se quer também ir além dela e justamente porque se quer, emerge da própria vida um instante em que a alma se expressa. Mas em Dostoiévski, esses "instantes" não são situações excepcionais e isoladas, como aquela, por

---

25 Para Benjamin (1980d, p.239-40), Mishkin é um indivíduo sem recordação: "A própria falta de recordação do príncipe em sua enfermidade tardia é símbolo do inesquecível de sua vida; por isso os seus próprios pensamentos estão agora visivelmente imersos no abismo de onde não mais emergem. Os outros o visitam. A breve nota conclusiva do romance estampa para sempre todas as pessoas com esta vida, da qual participam sem saber como".

94 CARLOS EDUARDO JORDÃO MACHADO

exemplo, em um drama de Hebbel, em que a estrela-guia passa ao personagem as rédeas de condução de seu destino.[26] Já lhe foram entregues as rédeas.

Mais do que isso, essas situações representam o desdobramento na vida cotidiana de um processo, no instante vivido, em que a "realidade da alma" se expande sem limites. Não há nada além desse instante, pois esse se situa mais além: a duração do absoluto na vida cotidiana é representada como processo, em que a contingência está ao lado e sem importância – por essa razão os heróis de Dostoiévski agem no presente com e para os outros.

Essa ação peculiar, não-dramática, mas ao mesmo tempo semelhante ao drama, possibilita a emergência da realidade da alma, uma realidade metafísica. Por isso afirma Lukács (1985, p.47) que encontramos algo de novo em Dostoiévski: uma "metafísica da épica". O que em um drama é configurado *a priori* aparece em Dostoiévski como mero pressuposto da vida. A respeito, diz Lukács (1985, p.72):

> O drama moderno procura o herói (Ibsen), o velho drama configura-o (Shakespeare), Dostoiévski pergunta, como se vive como herói (ou, analogamente, como substância da alma)? O drama tem origem quando a vida se fecha adramaticamente. Paralelos entre Ibsen e Dostoiévski em questão; mas o que em Ibsen conduz a uma torção da forma, aqui torna-se elemento formador.

Dostoiévski começa onde os outros escritores terminam. Quando Lukács contrapõe os romances de Dostoiévski às diferentes formas do romance, como também à forma do drama e até mesmo ao drama da graça,[27] torna-se evidente a dificuldade de determinar a

---

26 Hebbel, *Vorwort zur Maria Magdalena*, apud Lukács (1981a, p.89).

27 Lukács, ao analisar a trajetória de Paul Ernst, de *Brunhild* a *Ariadne auf Naxos*, da forma trágica ao drama da graça, compara o caráter não trágico dos heróis de Dostoiévski Starvroguine, Mishkin, Ivã e Aliocha Karamazov com a forma de um drama da graça (cf. "Arianna a Naxo" em Lukács, *Scritti sul romance*. Bologna: Il Mulino, 1982, p.75-88). Rochlitz (1983, p.343-65) tenta compreender a análise formal de Lukács dos romances de Dostoiévski como um ponto intermediário entre epopéia e romance da graça. O trabalho tem a vantagem

AS FORMAS E A VIDA **95**

particularidade formal dos romances de Dostoiévski, nos quais temos uma múltipla e diferenciada variedade de formas literárias. Os romances de Dostoiévski são confrontados histórico-filosoficamente com os tipos de romance europeus-ocidentais.

Lukács aproxima em sua análise formal o modo de ação dos heróis de Dostoiévski da forma da ação no drama e compara a intensiva concentração do tempo com a forma de uma novela. No entanto, como se pode determinar, nos romances de Dostoiévski, a unidade compositiva de uma multiplicidade de formas literárias, como a parábola (Grande Inquisidor), uma narrativa (o destino de Zósima), uma confissão (Hipólito), numerosos diálogos (Ivã e o diabo, entre outros), baladas ("O pobre cavaleiro") etc.? Eis o principal problema de sua análise formal dos romances de Dostoiévski. O próprio Lukács deixa em aberto a questão sobre a particularidade dos romances de Dostoiévski. E, supondo que Dostoiévski cria um novo épos, pergunta se essa obra é apenas um início ou já uma realização (cf. Lukács, 1994, p.137).

Nas *Anotações sobre Dostoiévski* podem-se perceber as dificuldades de Lukács em tornar plausível sua tese teórica e histórico-filosoficamente. É de perguntar, portanto, se nos romances de Dostoiévski vem à luz uma totalidade como a da epopéia. Justamente como a "realidade da alma" aparece, por meio do modo de agir dos heróis de Dostoiévski, constitui o fio da meada para compreendermos a análise formal de Lukács. Essa ação se diferencia da de um drama na medida em que esta alcança a dimensão temporal da "vida viva" – um contínuo, ao contrário da ação no drama – a ação dramática não conhece tempo algum.

A ação em Dostoiévski desdobra-se por meio de uma complicada e concentrada construção, semelhante à da forma da novela e do drama. A técnica com a qual Dostoiévski constrói o primeiro dia de Raskolnikov, em *Crime e castigo*, é decerto a da novela. Isso vale também para o primeiro dia de Mishkin, em *O idiota,* o contato com

---

de investigar a "segunda" ética sem dissociá-la da forma literária e de compreendê-la como um princípio "implícito" de uma "metafísica da épica".

Nastasia Filoppovna etc. Os romances de Dostoiévski são novelas compostas em conexão umas com as outras e que se dissolvem e ganham unidade compositiva no meio da narrativa.

Segundo Lukács (1985, p.51), a unidade dessas novelas compostas em conexão no romance *Os irmãos Karamazov* seria o caso mais brusco. O caráter brusco da composição conjunta – por exemplo, os diferentes episódios e o resultante efeito catastrófico de sua confrontação imediata – evidencia a dificuldade de se poder determinar uma totalidade orgânica nos romances de Dostoiévski. Cabe lembrar aqui a sucessão de catástrofes que se segue ao julgamento de Dimitri Karamazov, o caso de Smierdiakov, a doença de Ivã etc. Será que podemos aproximar a extensão de cada episódio singular e o modo como são compostos em conjunto com a unidade orgânica de uma epopéia, na qual não há para a alma nenhum outro, nem como interioridade nem como exterioridade, pelo menos como Lukács entende o épos na *Teoria do romance*? Indagando de outro modo: como se origina uma totalidade a partir de uma composição brusca?[28]

Na verdade, Lukács tenta mostrar que em Dostoiévski o caráter brusco da composição conjunta é uma vitória da forma. O caráter novelístico dos instantes compostos, que são conclusos, mas não supérfluos, são compostos bruscamente apenas em relação à acidentalidade, mas necessários em relação à "realidade da alma". Nas *Anotações* encontramos infindáveis comentários dispersos sobre a forma novelística nos romances de Dostoiévski que nem sempre são elucidativos para caracterizá-los como um novo épos. De qualquer modo, mostra que o caráter brusco da composição em *Os irmãos Karamazov* é um traço essencial de sua forma. Os episódios são diferentes instantes do processo da "vida viva".

---

28 Esse problema relaciona-se diretamente à sua crítica à obra de Balzac, ao afirmar que a vitória definitiva da forma é conquistada em cada narrativa isolada e não no conjunto da *Comédia humana*: "Nenhuma das partes possui, do ponto de vista do todo, necessidade orgânica, em sua existência; ainda poderiam ser acrescentadas inumeráveis partes novas, e nenhuma completude interna as refutaria como supérfluas" (Lukács, 1994, p.96).

AS FORMAS E A VIDA 97

Figura 8 – O Círculo de Domingo sem Lukács. Da esquerda para a direita: Karl Mannheim, Béla Fogarasi, Ernö Lorsy, Jozsef Nemes Lampérh, Elza Stephani, Anna Schlamadinger, Edith Hajós, Béla Balázs (Fekete & Karádi, 1981, p.70).

98 CARLOS EDUARDO JORDÃO MACHADO

Essa particularidade da dimensão temporal, nos romances de Dostoiévski, caracteriza sua forma não dramática. A técnica de composição dos instantes é novelística. A seqüência dos instantes é como uma catástrofe após a outra. O caráter brusco da composição conjunta dos romances refere-se, como vimos, apenas à acidentalidade, por isso mesmo o efeito de catástrofe. Os heróis não vivem nada contingente. A cronologia dos acontecimentos é desimportante. O príncipe Mishkin vive sempre no presente, sua alma está sempre lá e pronta a levar a cabo as ordens de seu destino. Não há má infinitude alguma em relação ao outro, mas uma emanação entre as almas que é configurada por meio de diálogos. O que é elucidativo nas *Anotações* é a seguinte hipótese: a ação dos heróis de Dostoiévski representa algo de novo – a ação heróica rápida.

A ação heróica rápida e o tipo revolucionário

Lukács ressaltou com freqüência em suas *Anotações* que as idéias, em Dostoiévski, são sempre ação. Já que realidade e ideal não são contrastados, pensamento, estado de ânimo, poesia estão também em concordância com a ação. Seus romances estão além da possibilidade do contraste entre ação e contemplação que os outros romances europeus-ocidentais imprimiram, seja pelo tratamento dessa discrepância como ironia seja pela limitação do agir à recordação.

Trata-se do conceito de realidade que une idéia e realidade por meio da ação. Só há uma realidade "metafísica", que não conhece nenhuma paisagem contemplativa como natureza; a natureza em Dostoiévski é somente a "realidade da alma". A aventura é reencontrada na alma. A própria idéia é o fundamento da realidade. O que vem à luz como natureza, paisagem ou espaço urbano em seus romances é a exteriorização da alma que faz desaparecer a falta de sentido do indivíduo. Justamente o que, segundo Lukács, é essencial e que foi subestimado pelos discípulos de Dostoiévski em uma dimensão equivocada: o "encantamento" como realidade da metafísica. Porque agem como deuses, a extensão sem limites da alma foi mal-entendida como irrupção patológica em vez de apreendê-la como "metafísica", a qual desempenha um novo papel do "teórico" na épica.

Lukács (1985, p.47-8) fala de uma "metafísica da épica". A ação é a chave para a interpretação dos romances de Dostoiévski. Para provar isso concretamente ele coloca como principal tarefa de sua análise formal determinar o significado do diálogo. Por exemplo: a confissão de Wessilov, o destino de Zósima, a confissão de Hipólito, o diálogo entre Stavroguine e Kirilov sobre o suicídio etc. O papel do diálogo deve ser apreendido na própria composição. Para Lukács, é claro que a realidade da alma vem à luz por meio do diálogo. A forma dialógica da realidade da alma compõe um conjunto de vozes – tal como Bakhtin (1971, p.48) caracteriza o romance polifônico de Dostoiévski: "O romance polifônico é dialógico".

A análise formal do diálogo significa, para Lukács, antes de tudo, compreender a ação dos heróis de Dostoiévski. A ação não é dramática, Dostoiévski não escreveu em versos e seus romances ultrapassam os próprios limites formais do gênero. O ideal de Schiller de uma ação heróica rápida, o risível, o sentido do demonismo e o processo da "vida viva" são as categorias literárias de um novo mundo. Na mesma página de suas *Anotações*, Lukács (1985, p.58) toma a seguinte frase dos Diários de Hebbel: "A poesia de Schiller dá sempre um passo além da natureza e depois novamente tem saudades dela". Lukács refere-se em seguida ao tema, isto é, de que modo a "ação heróica rápida" se apresenta no romance *Os irmãos Karamazov*, sobretudo no início, quando Aliocha é apresentado aos leitores. Aliocha age sempre com o ardente propósito de ação heróica rápida (cf. Lukács, 1985, p.58). Os heróis de Dostoiévski possuem uma alma *à la* Schiller.

Nos outros romances é aflorado de novo o mesmo tema: Raskolnikov fala sobre a mãe e a irmã: "Trata-se sempre dessa bela alma *à la* Schiller" – afirma Raskolnikov – "você acredita até o último momento no bom e não no mau no homem" (apud ibidem, p.75). Para Swirdrigaillov, é o próprio Raskolnikov um "Schiller". Ele lhe diz:

Você discute comigo sobre amoralidade e sobre estética! Você é um Schiller – um idealista!... É uma pena que eu tenha tão pouco tempo, você é um sujeito extremamente interessante! E aproveito para lhe lançar a questão, você aprecia Schiller?... (apud ibidem, p.75-6)

Os heróis de Dostoiévski são concretas almas desnudas que encontraram o caminho do absoluto – suas ações instauram uma realidade "metafísica". Escreve Lukács na citada resenha sobre Béla Balázs (cf. Karadi & Vezer, 1985, p.156):

> Essa atitude, antes de Dostoiévski, conheciam apenas os místicos, mas neles o ato de abandono pela alma das formas sociais é ao mesmo tempo uma aniquilação de toda forma concreta: a alma coloca-se então isolada diante de Deus, e apenas diante dele e para si é anulada toda diferença para se confundir com ele.

Em Dostoiévski, em contrapartida, o "auto-elevar-se" da alma para os indivíduos é uma viva relação imediata das almas concretas com o absoluto (cf. ibidem, p.157).

Ao longo das *Anotações*, Lukács estabelece uma conexão curiosa entre o motivo schilleriano de uma ação heróica rápida com o ideal de *vita activa* de Meister Eckhart e com o tipo humano do revolucionário. Essa conexão, na verdade uma tríade – ação heróica rápida, *vita activa* e o revolucionário –, corresponde às diferentes validades do agir: o da obra, o da vida atuante, o do ato revolucionário – esse último é uma forma de manifestação do velho conflito entre ética do dever e "segunda" ética: para salvar a alma é necessário sacrificá-la (cf. Lukács, 1982, p.352).

Esses diferentes modos de agir pressupõem diferentes níveis de vida. É de observar aqui que Lukács, em sua tentativa de construir uma tipologia dos heróis de Dostoiévski, pressupõe uma hierarquia dos indivíduos que se aproxima da concepção medieval da divisão em castas – essa idéia já aparece no ensaio "Da pobreza de espírito", como vimos no Capítulo 1. O leitor de Dostoiévski sabe que *staretz* Zósima nunca menciona o nome de Meister Eckhart.

AS FORMAS E A VIDA **101**

Lukács compara, no entanto, o sermão no qual Eckhart comenta a passagem "Marta e Maria" do Evangelho segundo São Lucas (10) com o diálogo entre Zósima e Aliocha. Marta está para as coisas, diz Eckhart (1979, p.283), mas essas não estão nela. Elas são tratadas com apreço e ocultas em seu ofício (*Gewerbe*). Marta é ativa, já viveu e aprendeu com visão compreensiva sua experiência de vida: de um lado, se relaciona "de fora" das coisas e, de outro, se aplica em seu ofício "de dentro". Ela já era o exemplo de uma ética prático-ativa e voltada para o mundo em contrapartida à frivolidade estética do herói no ensaio "Da pobreza de espírito". Contra a sua tendência fanática e mística a uma ação heróica rápida, Marta defende o "ofício" de uma vida ativa.

O que Zósima fala sobre trabalho e duração não é senão o mesmo ideal de uma vida ativa (ofício) de Eckhart. Zósima não se refere à experiência vivida ou ainda não vivida, mas sobretudo ao amor produtivo e ao amor contemplativo. O *staretz*:

> Evite a mentira, toda mentira ... Lamento nada poder dizer-lhe de mais rejubilante, pois o amor produtivo possui algo de medonho e limitador em comparação ao amor contemplativo. O amor contemplativo é ávido por uma ação heróica rápida, que se pode realizar em pouco tempo e na verdade de modo tão incondicional que tudo envolve. Chega-se ao ponto de dar sua vida, com a condição de que isso não dure muito tempo, e que tudo se acabe rapidamente, como no palco, sob os olhares e os elogios. O amor produtivo, ao contrário, é trabalho e duração, para alguns representa até toda uma ciência. (apud Lukács, 1985, p.94)

Nos obscuros fragmentos de frases das *Anotações* salta aos olhos uma consagração metafísica do criminoso.[29] Lukács depreende de sua leitura de Dostoiévski uma predestinação messiânica do delin-

---

29 De *Os bandoleiros* de Schiller passando pelas prostitutas de Baudelaire até os heróis de Jean Genet, o jovem Lukács não se encontra, de modo algum, isolado no que diz respeito à transgressão da vida na modernidade – a sagração do delinqüente etc.

qüente: "Ir até o fim (explodir as formações da segunda ética). Delito necessário" (Lukács, 1985, p.47). O delinqüente que vai até o fim é o portador da "segunda" ética: "O terrorista como herói cuja essência expressa a 'revolta' contra ESSE jeovista... (O jeovista do sistema jurídico: russo: o delinqüente como infeliz...)" (ibidem, p.114-5). O jeovista do sistema jurídico é injusto, pois subordina a alma; o terrorista é infeliz, por isso revolta-se contra o mundo das convenções que aguilhoa sua alma; ele fere as leis porque sabe de antemão o que faz. Porque conhece os limites e os transgride ele não é, contudo, de modo algum um delinqüente; é um herói, expressa sua revolta contra o jeovista das convenções. Raskolnikov não é nenhum delinqüente; para ele delinqüente é o legislador e já sabia disso ao escrever o seu ensaio. Transgredir a lei é, sem dúvida, um tema de Dostoiévski, mas Lukács já extrai algo diferente: não é bem a revolução como tal, já que essa não vem à luz de modo claro em Dostoiévski, mas sobretudo como os seus heróis superaram a sua determinidade social de classe – e por essa razão representam diretamente um novo mundo. O que Lukács denomina "existente metafísico" nos romances de Dostoiévski é a própria "realidade da alma": o modo como os seus heróis desejam conhecer uns aos outros constitui uma provação, que se apresenta no instante – uma emanação entre almas. Estão bem distantes da solidão e o mundo jeovista das convenções não é mais importante para eles.

O pressuposto da revolução é, ao contrário, a luta contra o sistema jurídico jeovista. Lukács mostra claramente que os heróis de Dostoiévski não retornam à "primeira" ética, como em Tolstoi, Flaubert ou Ibsen. Na análise formal de Lukács, trata-se antes de um novo fenômeno que vem representado pelos heróis de Dostoiévski, isto é, de um "existente metafísico" no qual vem superado o mundo da "pecaminosidade completa".

Lukács já antevê a Revolução Russa durante a Primeira Guerra Mundial. Ele cita no pósfácio de 1962 da *Teoria do romance* a sua conversa com Marianne Weber, em que tenta esclarecer o seu posicionamento diante da guerra de 1914:

AS FORMAS E A VIDA **103**

Quanto melhor, pior ... As potências centrais irão previamente atacar a Rússia: o que pode provocar a queda do czarismo: estou de acordo. Há uma certa probabilidade que o oeste vença a Alemanha, provocando o declínio dos Hohenzollern e dos Habsburgo como conseqüência, com o que também estou, em todo caso, de acordo. Mas daí emerge a seguinte questão: quem nos salva da civilização ocidental?

A sua "súbita guinada para Dostoiévski" (Max Weber) já expressa, na verdade, o seu fascínio pela Revolução Russa –, e não por outro motivo Weber detestou esse trabalho. Lukács (1985, p.96) une a sua análise formal de Dostoiévski com o problema da Revolução Russa para responder à seguinte questão: como fundar uma ética além dos deveres?

O conceito russo do DELINQÜENTE. A) delinqüente = infeliz B) O legislador como delinqüente: todo sangue derramado como delito (Raskolnikov). É uma superação do espírito objetivo ... A tentativa de Dostoiévski de pensar em outra direção: o delito como existente metafísico é uma evidência na consciência (apenas o ateísmo turva isso: o delito impossível).

Segundo Lukács, Mishkin incorpora o delito impossível. Mishkin pensa que "cada posicionamento de idéia e conceitos freqüentemente aparece e muito mais voltado para um caso geral do que para o singular, infelizmente. E se também houvesse até mesmo poucos capazes de cometer esse delito impossível, como agora". Aqueles que cometem tal delito, são os "que não querem tomar a si como delinqüentes e estão interiormente convencidos de que tinham direito e que fizeram até mesmo algo de muito bom ou mesmo algo quase bom" (apud ibidem, p.95-6).

O terrorista é quem incorpora o auto-sacrifício – uma outra categoria fundante da "segunda" ética. O auto-sacrifício, *"sacrifficio dell alma"*, é necessário para a existência de fraternidade, bem e amor ou o pressuposto da "idéia russa".[30] A "segunda" ética, dito

---

30 Peter Bürger (1993, p.126) vê, no elogio do auto-sacrifício das *Anotações*, uma justificação antecipada do stalinismo antes mesmo da eclosão da Revolução Russa.

sumariamente, é uma metaética que possui o *topos* na Rússia, é uma filosofia moral coletivista que tenta transcender "metafisicamente" o princípio kantiano do dever para preencher o abismo entre *homo noumenon* e *homo phaenomenon*. O "povo russo" seria tudo o que é apenas pensado panlogicamente na idéia alemã, mas com sinal trocado, invertido em uma "verdadeira realidade" – essa seria a realização da realidade metafísica da "segunda" ética.

Lukács (1985, p.124) cita o seguinte fragmento de F. Schlegel, que diz:

> Os poucos revolucionários que houve na revolução eram místicos, como puderam ser apenas os franceses da época. Eles constituíam sua essência e ato como religião; isso aparecerá na história futura como a mais elevada determinação e dignidade da revolução, que foi o incitamento mais veemente da religião dormitante.

Lukács vincula o ato terrorista-revolucionário e a ação heróica rápida com a vivência de um místico. Os heróis de Dostoiévski são exemplos literários, Bolotov e Seriocha do romance *Als wär es nie gewesen* [Como se não houvesse nunca existido], de Ropschin, constituem-se nos figurantes da Revolução Russa de 1904-1905 (que são estudados como documento). O que faz um terrorista não pode ser ajuizado com os valores da "primeira" ética – com as palavras de Lukács –, "Revolução (terrorismo) não pode ser nunca julgada pela *Realpolitik*" (ibidem, p.124). A *Realpolitik* é a política do estado, do mundo das convenções: ela incorpora os valores da "primeira" ética.

O ato de um terrorista, no entanto, contém um paradoxo interno e externo: seus resultados devem ser *real*políticos e a sua fundação *real*política (cf. ibidem, p.124). Desse paradoxo resulta o principal problema político: como se pode eticamente transcender e ao mesmo tempo agir politicamente (cf. ibidem, p.129)?

Segundo Lukács, Piotr Verschovenski, de *Os possessos*, não foi bem configurado por Dostoiévski como tipo revolucionário. Lukács sabia decerto que Dostoiévski nunca foi um revolucionário. Para lutar contra a "primeira" ética, isto é, contra os poderes jeovistas das

AS FORMAS E A VIDA **105**

convenções, Hipólito, Bolotov e Seriocha de Ropschin são configurados com mais profundidade. Eles expressam plasticamente o dilema do revolucionário: "O verdadeiro sacrifício do revolucionário é (literalmente) sacrificar a sua alma: da segunda ética realizar só a primeira ... O delito não desejado, mas necessário – delito individual e coletivo... é necessário, mas não se pode" (ibidem, p.127-8). Eles mostram que não se pode agir sem delito.

Lukács toma como exemplo três situações diferentes do romance de Ropschin, *Als wär es nie gewesen*. A primeira serve de exemplo de um delito necessário, mas não desejado. Bolotov encontra-se na cela da prisão e pensa na avenida Liteini, no asfalto repleto de sangue, nos destroços do carro, no cocheiro seminu, nos seus olhos vidrados, redondos e estarrecidos. Lembra-se desse homem sem forças e inocente, que provavelmente era um pai de família, que matou. Esse homem não foi morto nem pelo comitê nem pelo partido nem pela Rússia, mas apenas por ele sozinho. E não sente arrependimento, tampouco compaixão. Nele havia um profundo sentimento de paz e calma. Ele diz:

> Eu matei e me matarão... Todos são justos e todos são injustos... Não há nem culpados nem justos... Há apenas dois inimigos mortais e nenhum mortal pode julgá-los. (cf. ibidem, p.126-7)

Na situação seguinte, trata-se do delito individual e coletivo. Por causa do assassinato de Slioskin e dos dragões – ambos vítimas de Bolotov e Serioscha –, Serioscha contradiz Bolotov quando afirma que em um assassinato coletivo, onde "todos atiram ao mesmo tempo", se sente um arrependimento menor do que no ato individual. Para Serioscha, Bolotov mente para si mesmo (cf. ibidem, p.127).

A terceira cena trata do "pecado inevitável" (ibidem, p.128). Bolotov diz:

> Decerto é necessário mentir, trapacear, matar muitos, mas também não se pode dizer que isso seja permitido, que seja justo, que seja bom; não se pode crer que com a mentira se chega à situação de vítima, que com o assassinato se salva sua alma. É necessário ter a coragem de dizer:

106　CARLOS EDUARDO JORDÃO MACHADO

é decerto injusto, medonho e horrível, mas inevitável... (Savinkov, 1913, p.132)

Para lutar "contra Jeová", contra o mundo das convenções, onde tudo é regrado, e, conseqüentemente, contra a "primeira" ética, é necessário sacrificar a própria alma. Para o revolucionário a revolução é um dever. Isso significa que ele atua conforme a "primeira" ética – dever – para alcançar a "segunda" ética –; ou formulando de outro modo, "partir de uma ética mística para tornar-se um medonho *real*político". Mas – com as palavras de Lukács (1985, p.128) –

> toda realização retém a luta, todo transcender (dos paracletos) retém o caminho até a imanência completa (possibilidade da transcendência efetiva): resulta também jeovista, é o "ópio do povo" (por isso Marx coloca a bem-aventurança = felicidade = felicidade ilusória). Programa: desilusão.

Antes do desenvolvimento do pensamento revolucionário, isto é, o programa de uma desilusão absoluta como processo provoca um recuo da substância. A significação de Marx: ele não é um profeta da revolução em sentido romântico, mas um erudito (*Gelehrter*) (cf. ibidem, p.127). Ele compreendeu histórico-filosoficamente o "espírito objetivo" (Jeová).

No caderno intitulado "revolução" há uma passagem elucidativa para a compreensão do nexo entre os heróis de Dostoiévski e o tipo revolucionário. Trata-se de uma crítica à "primeira" ética presente nos romances de Dostoiévski. O que se passa no mundo das convenções é desimportante. O que não significa que não há a representação da "primeira" ética em Dostoiévski; essa está claramente diante de nossos olhos, por exemplo durante o julgamento de Dimitri ou de Raskolnikov –, mas à margem, sua desimportância é a fonte do humor:

> Assim apresentam-se todas as categorias do direito e da primeira ética (os processos: Raskolnikov, Rogozhin, Mitia – noivado), mas trata-se sempre de outra coisa. Esses assuntos são sempre apenas ocasião:

AS FORMAS E A VIDA **107**

fonte do humor. O trágico é que o mundo das idéias da segunda ética pode ser oscilante e ilusório: a sociologia em Dostoiévski. (ibidem, p.132)

O risível refere-se ao mundo das convenções e nos romances de Dostoiévski os heróis estão um passo além desse mundo, distantes de toda luta contra o existente. Abandonaram o mundo regrado da "primeira" ética e não retornam mais para lá. São possessos que estão além do sentido da lógica da loucura como acontece em um romance policial – por exemplo, em Chesterton.[31] Ivã sabe que o diabo não é nada. Os heróis de Dostoiévski são salvos da loucura por meio da relação com a realidade. Lukács observa à margem que a desilusão sobre os acontecimentos de 1848 não aparece nos romances de Dostoiévski. Do ponto de vista sociológico, Dostoiévski não foi de modo algum um revolucionário, por isso não há retorno da "segunda" para a "primeira" ética.

> Não há nunca nem mesmo a mais leve tentativa, de retornar da perigosa aventura da segunda ética para a primeira (como por exemplo em Ibsen). Dostoiévski não é revolucionário, não conhece nenhum *paradis perdu*. (Lukács, 1985, p.132)

Para mostrar de modo preciso como as categorias fundamentais do romance europeu-ocidental são superadas nos romances de Dostoiévski, aparecem categorias literárias como o risível e o infantil que, segundo Lukács (1985, p.133), fundam uma nova épica:

> O problema do risível: uma sedução da realidade. Não há em Dostoiévski (como em Tolstoi ou em Flaubert) uma luta contra as convenções; esse é um problema para "adultos" (primeira ética – ou buscas pouco claras da segunda) e não para crianças...

---

31 "O delito caracteriza o romance policial como perigo que é evitado pela polícia", diz Kracauer (1979, p.78), porque o perigo é necessário para o mundo das regras, portanto, para a "primeira" ética – a polícia como segurança.

108 CARLOS EDUARDO JORDÃO MACHADO

A luta contra as convenções é um problema para "adultos", como no romance da desilusão, não para Mishkin. Ele conta o que o professor Schneider lhe disse antes de sua partida da Suíça: ele seria uma criança completa, um criança efetiva e que apenas na idade e no exterior apareceria semelhante a um adulto. Em relação ao desenvolvimento psicológico, caráter, alma – diz o príncipe – "eu não seria um adulto e desse modo permaneceria eu mesmo ao completar sessenta anos de idade" (apud ibidem, p.133).

O infantil é um tema ausente no romance de desilusão; ao contrário, o que está presente é uma incongruência entre interioridade e mundo das convenções e nunca foi dada a possibilidade, no desenvolvimento europeu-ocidental, de transcender o romance em direção à epopéia. A luta entre "primeira" (convenções) e "segunda" éticas (realidade da alma) não permanece, no entanto, no mundo da convencionalidade. Tolstoi criou uma forma do romance de desilusão com a mais forte transcendência à epopéia (cf. Lukács, 1994, p.130).

Na *Teoria do romance*, Lukács determina de que modo a luta contra a convencionalidade desempenha um papel importante nos romances de Dostoiévski. Seus romances mostram, diz Lukács (1994, p.132),

> que há realmente, para além da convencionalidade, uma vida essencial, uma vida que se pode alcançar nas vivências da mesmidade plena e autêntica na autovivência da alma, mas que há de voltar de novo a afundar sem salvação no outro mundo.

As figuras de Tolstoi já são o fim do romance de desilusão, "uma forma barroca de Flaubert" (ibidem, p.136). Os seus heróis têm diante dos olhos a falta de sentido do mundo das convenções; os caminhos para a vida vital estão abertos para as suas almas. De repente o mundo das convenções afunda-se no nada. Em instantes bem excepcionais a realidade da alma abre-se para os seus heróis; essa lhes aparece, por exemplo, no momento da morte. No leito de morte de Anna, Karenin e Wronsky vivenciam uma unidade de vida, isto é, a

AS FORMAS E A VIDA **109**

bem-aventurança de poder morrer. Mas é apenas um instante: "Anna recupera-se e Andrei retorna à vida e o grande instante desaparece sem deixar pistas" (ibidem, p.134).

Em Dostoiévski, a "segunda" ética é não apenas um grande instante de exceção na vida, mas também uma realidade, que é vivenciada como uma duração no presente – uma esfera do destino. Essa "realidade metafísica" tornou-se destino, é muito mais do que mero sentimento ou mera idéia; já é a própria vida viva. Na passagem seguinte, Lukács (1985, p.69) caracteriza como Dostoiévski não apenas supera a forma do romance, mas também como renova a épica:

> A segunda ética como realidade: em Dostoiévski como vida (vida viva). Em Tolstoi como sentimento, Bolkonski em Austerlitz, Leivin, Nikolai Rostov depois da perda no jogo de cartas ... No romantismo alemão como idéia: ironia. Resultado: frivolidade. A sagacidade de Hegel – a ironia como sendo o ponto culminante do subjetivismo, e a sua razão na polêmica contra ela.

Se Lukács em sua *Teoria do romance* determina a ironia como uma categoria essencial da forma do romance, ele não se contradiz ao concordar aqui com a crítica de Hegel – "a ironia como ponto culminante do subjetivismo". Ele sabe que a ironia é um corretivo para transpor o abismo entre alma e mundo. Como a *docta ignorantia* em relação ao sentido se mostra imprescindível no mundo da "pecaminosidade completa" e, por isso mesmo, a ironia é a "objetividade do romance": "nesse não querer e não poder saber se descobriu, na verdade, se viu e se captou o último, a verdadeira substância, o Deus presente e inexistente" (Lukács, 1994, p.79).

Mais uma vez a questão do épos

Quando Lukács, em sua *Teoria do romance*, pretende ver nos romances de Dostoiévski a pedra angular de futuros épos e planeja uma análise formal imanente, já é também consciente de que a possibilidade de uma tal renovação da epopéia na modernidade signifi-

Figura 9 – Diferentes edições em alemão e húngaro das obras do jovem Lukács (Fekete & Karádi, 1981, p.75).

AS FORMAS E A VIDA **111**

ca, antes de tudo, superar as condições sociais de apátrida "transcendental" do indivíduo moderno. Essa possibilidade não foi dada aos países europeus-ocidentais. Se os heróis de Dostoiévski representam um novo tipo de homem que está além da insignificância do indivíduo, de tal modo que por meio de sua peculiar maneira de agir configuram justamente um novo épos, Lukács, por outro lado, não afirma que um tal épos pareceria a uma compacta unidade do todo comparável com a da Antigüidade, na qual a interioridade do indivíduo moderno não mais poderia respirar, para não falar de uma epopéia em versos.

Em relação à composição conjunta, e principalmente em relação à ação e, conseqüentemente, a extensão do tempo que torna visível a falta de sentido das convenções e dá a palavra à realidade da alma etc., pode-se dizer, juntamente com Adorno (1981, p.47), que se trata muito mais de uma "epopéia negativa":

> Quando Lukács, em sua *Teoria do romance*, de quarenta anos atrás, levantou a questão se os romances de Dostoiévski seriam a pedra angular de futuros épos, ou se esses já não seriam um tal épos, mas os romances atuais que de fato contam, nos quais a subjetividade desencadeada se inverte pela sua própria força de gravidade no seu contrário, se assemelham a uma epopéia negativa. Eles são testemunhas de uma situação, na qual o indivíduo liquidou a si mesmo e que se encontra com a situação pré-individual; uma situação que uma vez pareceu garantir um mundo pleno de sentido.

A forma negativa desse épos é essencial para determinar a peculiaridade dos romances de Dostoiévski. O encontro entre indivíduo liquidado e suas formas pré-modernas, enfatizado por Adorno, Lukács entende como uma superação do isolamento no mundo da "pecaminosidade completa" por meio da "comuna russa". Os romances de Dostoiévski não são mais romances.

Em primeiro lugar, o caráter brusco da composição mitiga a unidade do todo – o mundo jeovista da "primeira" ética – e produz a realidade da alma, como, em outros termos, Bakhtin descreve a particularidade da carnavalização na forma da narrativa em Dostoiévski.

112 CARLOS EDUARDO JORDÃO MACHADO

Segundo Bakhtin (1971, p.175), em Dostoiévski vem à luz uma narrativa fortemente carnavalizada do "menippe". O menippe perpassa os romances de Dostoiévski:

> A conhecida cena em *Crime e castigo*, em que Raskolnikov visita Sonia pela primeira vez (e lê com ela o Evangelho), é muito próxima de um perfeito menippe cristianizado: uma sincresia dialógica aguda (de crença e descrença, de humilhação e orgulho), uma cortante anácrese, uma unção de oxímoros (o pensador e delinqüente, a prostituta e a justa) questões reveladas sobre as últimas coisas e a leitura do Evangelho na atmosfera da favela. Os sonhos de Raskolnikov são mennipes assim como o sonho de Svidrigailov antes do suicídio.

Em segundo lugar, a tipologia da forma do romance, como o romance do idealismo abstrato, do romance de educação, do romance de desilusão, e conseqüentemente as suas categorias fundamentais como o demonismo, ironia e a recordação, é superada nos romances de Dostoiévski.

Em terceiro lugar, originam-se dessa nova epopéia novas categorias, como o infantil, o risível e a ação como processo da "vida vital". A configuração da realidade da alma, nos romances de Dostoiévski, é o fundamento da nova forma do épos, seu *a priori*. A unidade e a homogeneidade dessa realidade metafísica situam-se além do mundo frágil dos indivíduos modernos, que não a podem vivenciar a não ser como um instante isolado. Para os heróis de Dostoiévski, a "segunda" ética não é uma mera possibilidade ou uma dimensão utópica do romance, não é nem uma metamorfose de estados de ânimo e reflexão nem de lirismo e psicologia; é já uma realidade "metafísica" – o mundo "empírico" do mundo regrado da "primeira" ética está presente apenas à margem e em relação à realidade da alma, isto é, em relação à "segunda" ética é sem importância.

O tipo de indivíduo dos heróis de Dostoiévski é mais ativo do que contemplativo (como aqueles do romance). Nastasia Filoppovna, em *O idiota*, depois de receber o dinheiro de Parfen Rogozhin, atira ao fogo, diante de todos os presentes, toda a soma de cem mil rublos. Ela põe à prova Gania Ivolgin, se ele seria capaz de ajoe-

AS FORMAS E A VIDA **113**

lhar-se na lareira para pegar o dinheiro em chamas. A aposta com Rogozhin é um mero meio para fins. A soma de dinheiro é para ela sem importância. O experimento é o veículo da ação dos heróis de Dostoiévski. Com as palavras de Lukács (1985, p.134): "as pessoas querem se conhecer a si e aos outros (por que isso em Dostoiévski é metafísico e nos outros meramente psicológico?).

O encontro de Ivã Karamazov com seu irmão ilegítimo Pável Smierdiakov – o assassino de Fiódor Karamazov – e o encontro entre Mishkin e o general Japantschin (o pai de Aglia, no início do romance *O idiota*) são os outros exemplos citados por Lukács. O que não vem à luz no mundo das convenções torna-se realidade nos romances de Dostoiévski – uma esfera do destino. O contato entre "primeira" e "segunda" éticas em Dostoiévski (1990, p.112) dá origem a uma catástrofe: os heróis expressam abertamente o que não é possível no mundo das convenções. Diante dos jurados, diz Ivã: "Todos desejam a morte do pai". O mundo das convenções é visível em Dostoiévski apenas por meio de um véu, como diz Lukács (1985, p.70): "Seu mundo é o do caos do solipsismo ético".

Figura 10 – Georg Lukács (1917) – (Fekete & Karádi, 1981, p.77).

3
A ESTRUTURA DA ÉTICA "LUCIFERINA"

Introdução

No prefácio de 1962, Lukács (1994, p.12) refere-se ao papel de Kierkegaard na sua recepção juvenil de Hegel da seguinte maneira:

> Na *Teoria do romance*, o presente não é caracterizado hegeliana-mente, mas com a formulação de Fichte como "época da pecaminosida-de completa". Esse pessimismo do presente, de coloração ética, não in-dica nenhuma guinada geral que levasse de Hegel a Fichte, mas muito mais uma projeção de elementos kierkegaardianos sobre a dialética his-tórica de Hegel. Kierkegaard sempre desempenhou um papel significa-tivo para o autor da *Teoria do romance*.

Kierkegaard não é mencionado diretamente no livro, ao contrá-rio das *Anotações sobre Dostoiévski*, em que Lukács cita inúmeras passagens da obra de Kierkegaard. Essas devem ser minuciosamen-te discutidas aqui, para poder precisar essa "kierkegaardização da dialética histórica hegeliana". Esclarecer o papel da filosofia kierke-gaardiana na concepção ética do jovem Lukács como característica de seu "anticapitalismo romântico" – conforme Michael Löwy (1976) – possibilita também determinar o que chamamos de "pro-to-existencialismo" de seu pensamento, o que Lukács denomina nesse prefácio de "pessimismo do presente, de coloração ética". Ele se apropria de determinados conceitos como "reclusão", "humilhação", "sofrimento", da "ética do pecado" de Kierkegaard e apóia-se na crítica desse ao conceito hegeliano de "espírito objetivo" combinada, em sentido invertido, com a crítica do jovem Marx para fundar uma ética "luciferina" derivada de sua análise formal dos romances de Dostoiévski.

Em sentido invertido significa, de um lado, que pensa uma ética histórico-filosoficamente, ao passo que a história em Kierkegaard desaparece no presente, no instante; de outro, ele pretende construir uma ética ainda "metafísica" que é estruturada por meio da crítica histórico-filosófica (de Marx) do "espírito objetivo".

Para o jovem Lukács, no entanto, o socialismo parecia não possuir a força religiosa existente no cristianismo primitivo. Essa ética *sui generis* do jovem Lukács como uma obra de transição deve ser enfatizada, já que pensa ainda especulativa e "metafisicamente" a possibilidade de uma ética além do dever e torna-se em seguida um marxista. Justamente o que constitui a fertilidade e também o caráter multidirecionado de seu pensamento.[1]

Antes de mais nada, o conceito de uma "segunda" ética origina-se propriamente de Kierkegaard. Ele já propõe literalmente uma tal ética "nova" na introdução de sua obra, *O conceito de angústia*. Para ele, a idealidade da "segunda" ética não consiste em postular um ideal que seja mais elevado que o indivíduo, mas, ao contrário, o individual já é em si o geral. O "dever-ser" é vivenciado na interioridade – como o jovem Lukács entende a peculiaridade da filosofia da existência de Kierkegaard. Nas *Anotações sobre Dostoiévski* a exigência significa: romper com o "ideal" de uma vida regrada, com o ideal (do mundo) da "primeira" ética. Lukács vê na filosofia kierkegaardiana uma forma de transição da "primeira" à "segunda" ética,

---

1 "Walter Benjamin e Ernst Bloch, Franz Rosenzweig e Martin Buber, o jovem Lukács e o jovem Brecht, cujo desenvolvimento intelectual coincide com a época entre as duas grandes guerras, são todos eles porta-vozes de uma transição e de uma ruptura históricas" (Holz, 1992, p.7).

na qual o "dever-ser" kantiano é vivido. Kierkegaard pensa o "indivíduo problemático" como "reclusão".

Uma realidade determinada é pressuposta – Lukács denomina-a "realidade da alma" – com as palavras de Kierkegaard (1976, p.462): a "realidade do pecado", que foi ignorada pelas ciências: "A nova ética pressupõe a dogmática e com ela o pecado original e, ao mesmo tempo, a idealidade da tarefa, contudo não num movimento de cima para baixo, mas de baixo para cima" (ibidem, p.463). Esse movimento não decorre do geral para o individual, como é o caso da "primeira" ética, mas, ao contrário: o geral é já o individual.

Para Kierkegaard (1976, p.465), o conceito de "pecado" não se encontra em casa em nenhuma ciência. Ele diz:

> apenas a *segunda ética* está em condições de considerar sua revelação, mas não sua origem. Tão logo qualquer ciência pretenda considerá-lo, o conceito torna-se confuso. Como também ... quando a psicologia quis empreender essa tentativa. (grifo meu)

Apenas a "segunda" ética está em condições de apreender a realidade do "pecado": "A primeira ética ignora o pecado, a segunda ética possui a realidade do pecado em seu meio, meio esse em que a psicologia, ao contrário, só pode apreendê-lo por meio de um mal-entendido".

O que Lukács pretende com o conceito de "segunda" ética, uma ética metafísica, que abarca a "realidade da alma", significa em Kierkegaard a "realidade do pecado". Para ele, o pecado é a categoria fundamental da "segunda" ética: é assim que o conceito de "desespero" de Kierkegaard é interpretado por Lukács. A ética "luciferina", em vez de constituir um sistema, é uma filosofia da ação. É Kierkegaard e não Fichte, como Lukács posteriormente ressaltou com razão, a figura teórica principal de sua concepção ética do ensaio sobre Kierkegaard de *A alma e as formas* até o ensaio "A relação sujeito-objeto na estética". Assim como para o jovem Lukács em sentido estético, como para Kierkegaard em sentido ético, é a subjetividade existencial ("viva") o meio para se alcançar a verdade:

118   CARLOS EDUARDO JORDÃO MACHADO

> Quando também algo existencial na ética metafísica de Kierkegaard culmina com a frase que a subjetividade é a verdade, isso não significa de modo algum colocar a subjetividade como absoluto, mas antes de mais nada, que a subjetividade é o único meio da verdadeira relação divina, da efetiva relação com o absoluto transpessoal, ao contrário da relação visível, sucedânea da relação teórico-assubjetiva. (Lukács, 1975a, p.118)

Em poucas palavras, Kierkegaard foi decisivo para Lukács poder criticar a filosofia hegeliana e para poder esclarecer a "realidade da alma". Ele afirma literalmente que o estado e as outras "formações" do espírito objetivo não constituem parte da alma (Lukács, 1982, p.352).

A subjetividade

Se a "segunda" ética em Lukács constitui uma configuração *a priori* de sua análise formal dos romances de Dostoiévski, a peculiaridade de sua estrutura deve ser determinada. Trata-se, portanto, de tornar visível a subjetividade dessa ética e de indagar em que medida a ética "luciferina" se situa além do indivíduo "problemático" como sua intensificação e superação.

A subjetividade é discutida por meio de um motivo estético: o "demonismo". O "demonismo" não é apenas uma categoria central de sua *Teoria do romance*, mas também de sua Estética de juventude – na qual ele tenta analisar o "luciferino" como o lugar "metafísico" do estético (Lukács, 1975a, p.132). Trata-se de um motivo estético fundamental, pois se relaciona à imediatez do sujeito (vivo), à "forma da subjetividade que se afirma como absoluta" (Hegel). Essa imediatez do indivíduo singular foi determinada por Hegel (1986, p.265) como a "mais abstrusa forma do mal" no conhecido parágrafo 140 de seus *Princípios da filosofia do direito*: o sujeito que se sabe como absoluto, mas nada mais é do que "vaidade, hipocrisia e capricho [*Eiteles, Heuchlerei und Frechheit*]" (ibidem, p.265).

AS FORMAS E A VIDA **119**

Kierkegaard refere-se diretamente à crítica hegeliana da ironia romântica, à qual se contrapõe de modo intenso e exclusivo. Segundo Hegel (1986, p.279), esse eu é "o senhor que decide sobre a lei e a coisa" e joga arbitrariamente com tudo:

> Essa figura não é apenas a da *vaidade* de todo *conteúdo* ético do direito, dos deveres e das leis (o mal, ou mais ainda, o mal em si mesmo inteiramente universal), mas que agrega também a forma da vaidade *subjetiva*, a de se saber a si mesmo como essa vaidade de todo conteúdo e nesse saber saber-*se* como absoluto.

Segundo Kierkegaard, esse desprezo pelo indivíduo, em Hegel, é o resultado de sua "absolutização do existente". Para Lukács, a filosofia hegeliana é o "portador da primeira ética", e para desmascarar o "espírito objetivo" Lukács cita a crítica de Kierkegaard a Hegel de seu *Ensaio sobre o cristianismo*. Para ele, a "divinização do existente" em Hegel é ao mesmo tempo uma "rebelião contra Deus":

> por que Hegel fez da consciência e da relação de consciência no singular uma "forma do mal" (cf. Fil. do Direito &140)? Por quê? Porque diviniza o existente. E quanto mais se diviniza o existente tanto mais natural a conclusão: logo é aquele que rejeita esse divino, o existente ou contra ele se rebela, logo tem quase que imaginar que é Deus ... E curiosamente essa divinização do existente é uma rebelião constante, uma revolta contínua contra Deus. (Kierkegaard, 1977, p.113-4, apud Lukács, 1985, p.89)

Lukács pensa histórico-filosoficamente uma ética que se desdobra por meio de um processo de luta entre Jeová (o espírito objetivo) e Lúcifer desde a Antiguidade à época moderna. O demonismo somente vem à luz quando os deuses já abandonaram o mundo. Para ele a conexão de sentido e a ligação com o mundo tornaram-se incompreensíveis, como Lukács (1994, p.75) escreve em sua *Teoria do romance*:

> Os deuses banidos e os que ainda não subiram ao poder tornam-se demônios: seu poder é vivo e eficaz, porém não mais penetra o mundo

ou ainda não o fez: o mundo adquiriu uma conexão de sentido e um encadeamento causal incompreensíveis à força vivamente efetiva do deus que se tornou demônio, e de cujo ponto de vista seus atos parecem pura falta de sentido. Mas a força da eficácia desse demônio permanece insuperada...

Para o jovem Lukács, o demonismo vem representado por meio de uma multiplicidade de tipos literários. Esse tema vem à luz com *Don Quixote* e diferencia-se até chegar a sua forma moderna – o romance de desilusão. Essa forma do romance indica a hora histórica em que se chega à estação terminal da literatura européia ocidental.

Mesmo sem ter lido ainda (?) o "Dezoito Brumário" de Marx, mas (com certeza e com profundidade) a *Educação sentimental* de Flaubert, Lukács descobre no romance de desilusão o meio mais autêntico e profundo para se produzir a necessária totalidade da forma do romance – a recordação. O jovem Lukács não faz de 1848 um tabu, mas determina a origem da modernidade (européia-ocidental) por meio de uma análise formal imanente.[2]

O demonismo é a voz da interioridade do herói do romance; na psicologia do herói o demonismo encontra seu campo de ação. O herói vive em um mundo abandonado por Deus em que o interior e o exterior se chocam um contra o outro. O mundo se lhe apresenta como sem substância, como mescla irracional de densidade e penetrabilidade. Ele movimenta-se como moscas na janela que não podem romper o vidro e não encontram uma saída (cf. Lukács, 1994, p.79). A força de sua insuperável e insuperada psicologia possui a mesma valência de realidade que a dos deuses antigos. Mas os "no-

---

2 Pode-se dizer sem exagero que não era necessário ao jovem Lukács ler o instigante ensaio de Marx, para compreender a máxima de Marx "Les capacités de la bourgeoisie s'en vont", porque leu a *Educação sentimental* de Flaubert, onde vem representado, de modo minucioso e também instigante, o novo lugar da burguesia a partir de 1848. É Flaubert e não Balzac que autoriza o jovem Lukács a datar a origem da modernidade. Por causa de Flaubert, 1848 é, na *Teoria do romance*, uma data histórica determinada do gênero e o limite do tipo humano burguês (europeu-ocidental): ele recorda-se do que em Dostoiévski é ação (experiência).

AS FORMAS E A VIDA **121**

vos" deuses são deuses expulsos que se transformaram em demônios. Lukács cita a seguinte passagem de *Poesia e verdade* de Goethe:

> Não era divino, pois parecia irracional; nem humano, pois não tinha nenhum entendimento; nem diabólico, pois era benevolente; nem angelical, pois muitas vezes deixava notar um prazer perverso. Equivalia ao acaso, pois não dava mostra de coerência; assemelhava-se à providência, pois revelava nexo. Tudo o que nos limita lhe parecia permeável; parecia manipular arbitrariamente os elementos necessários à nossa existência; contraía o tempo e distendia o espaço. Só parecia deliciar-se com o impossível e repelir o possível com desprezo. (ibidem, p.76)[3]

Em Lukács, análise formal, dimensão ética e filosofia da história desdobram-se não apenas conjuntamente, mas são inseparáveis também da forma sintética e compacta de sua *Teoria do romance*. Esse entrelaçamento histórico-filosófico entre gênero formal e ética é essencial para tornar clara a complexidade de sua análise formal de Dostoiévski, que contém também uma "ética metafísica" e uma "filosofia da história". Nas *Anotações sobre Dostoiévski*, ética (metafísica) e filosofia da história são na mesma medida inseparáveis de sua análise formal dos romances de Dostoiévski. Interpretar a estrutura dessa ética independente de sua análise formal de Dostoiévski significa não dar conta de seu caráter *sui generis*; esta está relacionada passo a passo à forma (literária).

O Lukács da *Teoria do romance* mostrou o entrelaçamento entre etos e gênero formal, o que era justamente o problema de sua "Metafísica da tragédia" em *A alma e as formas*. Ele pensa, entretanto, em algo novo, diferentemente dos seus trabalhos iniciais: cada problema singular é refletido histórico-filosoficamente. O que significa que ele se apropria criticamente da filosofia de Kierkegaard: projeta uma dimensão histórica que inexiste em Kierkegaard. Pode-se afirmar que não se trata apenas de uma "projeção de elementos kierke-

---

3 Hans Blumenberg (1990, p.433-604) desenvolve uma interpretação coerente e conclusiva do quarto capítulo de *Poesia e verdade* de Goethe, que se inicia com a epígrafe *"nemo contra deum nisi ipse"* ["contra um deus só um deus"].

122 CARLOS EDUARDO JORDÃO MACHADO

gaardianos sobre a dialética histórica de Hegel", mas também que a filosofia da existência de Kierkegaard é "hegelianizada".

Em Kierkegaard há apenas uma única temporalidade, a contemporaneidade do instante. O instante extermina a realidade histórica – o mundo do espírito objetivo, do demiurgo: "Jeová". A história desaparece no instante presente, como Lukács (1985, p.165) ressalta: "Na ética de Kierkegaard a história não aparece".

Na estrutura da ética "luciferina", a subjetividade é o conceito-chave. Este não é um mero postulado, como o "eu" abstrato de um sistema, mas antes uma pluralidade tipológica de indivíduos que é concretizada por meio da forma literária – representa a vida "viva". Os heróis dos romances são diferentes tipos de subjetividade: que se considerem Don Quixote, Wilhelm Meister, Niels Lyhne, Frédéric Moreau e Andrei Bolkonsky – a vida "viva" vem à luz apenas como instante, como idéia (ironia).

Nas *Anotações sobre Dosotiévski* eles compõem uma hierarquia de ateus: Parfen Rogozhin, Dimitri Karamazov, Raskolnikov, Ivã, Kirilov, Hipólito, Mishkin, Aliocha – aqui a vida "viva" é "realidade" e a vida normal apenas secundária e desimportante. Acima estão os "homens bons", que incorporam um "novo" modo dos indivíduos "reclusos", que já superaram o mundo das convenções sem fugir para dentro de si. Quando agem pensam não apenas em si, mas nos outros. São ateus que podem falar sobre Deus e o demônio, por isso agem como deuses e nessa mesma medida o demonismo ganha sentido – que é representado por meio do diálogo.

Nessa hierarquia, Lukács apresenta estágios "utópicos" da subjetividade. Os "novos" homens estão além da moderna condição de um sem-teto transcendental; superaram a desimportância do indivíduo, o tema de Flaubert: pois eles já abandonaram o inferno da pecaminosidade completa. O fundamento de toda moral, inclusive da moral atéia, é – nos termos do jovem Lukács (1975b, p.32) – "como toda questão moral – uma questão de fé": *credo quia absurdum*. Lukács (1985, p.179 – Luc. 7: 19-23) refere-se literalmente à questão colocada por João a Cristo, se ele seria o Messias – e Cristo responde-lhe: tu deves crer.

AS FORMAS E A VIDA **123**

O *"credo quia absurdum"* não significa aqui a vinda do Messias como tal, mas antes de tudo uma recusa articulada e "desesperada" da guerra e do entusiasmo bélico, um diagnóstico de época mediado pelo gênero formal (épica), que antevê a revolução "vindoura" – uma profecia de espécie peculiar (materialista). Seu desespero experimenta um consolo *sui generis*: o privilégio de ter diante de si um horizonte, do qual se vislumbra a revolução; de experimentar um instante histórico excepcional, que lhe possibilita não apenas pensar essa mediação entre análise formal e diagnóstico de época, mas sobretudo antever – com o instrumental da tradição do idealismo alemão da época de outras revoluções (1789 *e* 1848!) e da sociologia contemporânea da modernização – a revolução.

Para Rochlitz (1983, p.344), a *Teoria do romance* é o primeiro livro "marxista" de Lukács.[4] O entrelaçamento entre ética e gênero formal como diagnóstico de época *("Hic Rhodus, hic salta"*, no sentido de Marx) é uma prova disso. A origem do que Perry Anderson caracterizou, depois de mais meio século, como "marxismo ocidental" começa com a *Teoria do romance*: a forma originária (orientada estética e literariamente) de sua teoria da reificação. A tentativa de vincular narrativa e totalidade graças à força sólida de uma revolução iminente já foi devidamente enfatizado como o programa filosófico do jovem Lukács.[5]

No que se refere ao diagnóstico de época, o autor de *Teoria do romance* é contra a guerra e pela revolução que irrompe na Europa Central, e sobretudo na Rússia, como o seu amigo Ernst Bloch. Pode-se afirmar nesse sentido: bem-aventuradas as épocas para as

---

4 "De fato, *Teoria do romance* é o primeiro livro marxista de Lukács: ele acredita cada vez mais na curva das duas eras da história mundial, e a curva revela cada vez separar apenas duas épocas de uma mesma era histórica. A obra de Dostoiévski se coloca também numa perspectiva de catástrofes apocalípticas... Para Dannemann (1987, p.189-214), *As Anotações sobre Dostoiévski* se constituem em "fragmentos de uma ética além da reificação".

5 Arantes (1996a, p.106-9) mostra em uma conversa provocativa como o problema da narrativa constitui o principal tema de Lukács antes e depois de *História e consciência de classe*.

124   CARLOS EDUARDO JORDÃO MACHADO

quais o mapa da revolução está à mão. Do ponto de vista teórico, ele vai munido do conceito de forma até o fim – como ele mesmo diz em seu *Posfácio* de 1970 aos *Ensaios sobre o realismo*. Na sua fase de desenvolvimento pré-marxista, as críticas literárias e estética eram o ponto central de seus esforços teóricos (Lukács, 1971c, p.676), isto é, romper a forma na vida. O mero problema ("metafísico") torna-se político e prático: luta (revolução) e não guerra – usando as palavras de Bloch (1985b).

Nas *Anotações sobre Dostoiévski* encontra-se uma importante passagem com o título "Rússia e Europa Ocidental", que é decisiva para apreender a subjetividade do "novo" homem, os heróis de Dostoiévski, que estão relacionados à tradição ocidental de Eckhart a Kierkegaard, e ao mesmo tempo distantes desta. Em primeiro lugar, trata-se da suspensão do dever como ruptura (pecado) com o mundo das convenções – revolta; em segundo lugar, a "segunda" ética leva ao isolamento – à "reclusão" (*Verschlossenheit)*; em terceiro, é enfatizado o contraste entre "primeira" e "segunda" éticas na Rússia e na Europa Ocidental – a fraternidade "abstrata", de um lado, e o irmão de "todos os homens", de outro. Ela significa:

> Rússia e Europa Ocidental 1-2 ética. Kierkegaard: suspensão teológica do ético: sempre como suspensão do dever da veracidade (da revelação, da universalidade): a segunda ética conduz ao isolamento, reclusão. Rússia: mundo (estado, sociedade, 1ª ética) mal-entendido, isolamento, 2ª ética (inclui também o delito). Ruptura (suspensão: estágios ("reclusão, emudecimento (a suspensão teleológica do dever da veracidade) é uma determinação puramente formal; ela pode ... ser tanto a forma do bem como a forma do mal"); também "o religioso (*das Religiöse*) deve então separar definitivamente os indivíduos em vez de uni-los? (apud Lukács, 1985, p.149)

A suspensão dos deveres

Segundo Lukács, Kierkegaard, ao contrário de Hegel, extrai toda a "primeira" ética da "segunda", na medida em que inclui o "pecado" como categoria na "segunda" ética e, conseqüentemente, deter-

AS FORMAS E A VIDA **125**

mina a "realidade do pecado", que propriamente não encontra morada em nenhuma ciência. Segundo o Kierkegaard de *A doença mortal*:

> O pecado é que diante de Deus não se desespera se quer mesmo ser, ou que diante de Deus se desespera se quer mesmo ser. Mas não é esta definição espiritual demais? ... Por que deveria ela ser então espiritual demais? Por que não fala de assassinato, furto, luxúria e de coisas semelhantes? (apud Lukács, 1985, p.78)

O pecado significa, por conseguinte, que quem se desespera diante de Deus não quer mesmo ser; o contrário do pecado é, como conseqüência, a fé, ou que se desespera diante de Deus se quer mesmo ser. Segundo *A doença mortal* o pecado significa antes o desespero (*Verzweiflung*): a verdadeira imagem do homem. Todo o existir kierkegaardiano é na verdade "desespero". A impessoalidade do existir é levada à consciência no desespero (Adorno, 1974, p.149).[6]

Lukács (1985, p.103) observa a respeito que em Kierkegaard o desespero significa que é no próprio indivíduo singular que Deus fala. Lukács (ibidem, p.175) tenta mostrar que "o pecado é eticamente adiáforo". Aqui deve-se traduzir de outro modo o conceito de "pecado" em Kierkegaard: interpretar a ação de um delinqüente (assassinato, furto, luxúria), ele age "diante" da lei; pecado significa, segundo Lukács, romper com a lei. Ele pergunta sobre a importância da determinação do pecado "diante de Deus" como medida e meta: "é todo pecado "diante de Deus'?. Ou o pecado é apenas uma categoria da "segunda" ética e todas as outras (deste nível) não existem?". E completa: "que esta determinação também abarca o assassinato, o furto etc., logo Kierkegaard extrai (talvez) toda a "primeira" ética da "segunda" (ao contrário de Hegel)" (ibidem, p.175).

O pecado é uma tentação, uma prova. Lukács cita como exemplo Abraão de *Temor e tremor* e o esposo do *Estágios no caminho da vida*

---

6 Para Adorno (1974, p.154), a filosofia da existência de Kierkegaard contém uma "ontologia do inferno": "No desespero objetivo, na ontologia do inferno nasce a filosofia de Kierkegaard como malogro, separação, julgamento, a verdadeira imagem do homem".

126 CARLOS EDUARDO JORDÃO MACHADO

de Kierkegaard,[7] trata-se da suspensão do ético. Esse transgredir das convenções conforme a interpretação de Kierkegaard é utilizado por Lukács para analisar a ação dos heróis de Dostoiévski. Quando eles transgridem as leis, instauram a "segunda" ética: o transgredir é o positivo (cf. Lukács, 1985, p.172).

Abraão era escolhido de Deus: "Por meio da fé, Abraão era um forasteiro na terra da promissão...". Sobre ele não havia troça nem lamentação: "Por meio da fé, Abraão recebeu a promissão". "É humano lamentar, é humano chorar com os que choram; no entanto maior ainda é crer, mais bem-aventurado, contemplar quem crê ... É humano se afligir com os aflitos, no entanto maior ainda é crer, mais bem aventurado, contemplar quem crê" (Kierkegaard, 1992, p.16-7, apud Lukács, 1985, p.170). Quem teria podido compreender seu ato? Abraão rompe com sua obrigação, que significa: o pai tem em relação ao filho o seu dever mais elevado:

> Mas ele não duvidou; não olhou temeroso nem à direita nem à esquerda; não provocou o céu por meio de sua oração. Sabia que era Deus todo-poderoso que o colocava à prova; sabia que era o sacrifício mais penoso que poderia ser-lhe exigido; mas também sabia que nenhum sacrifício é penoso, se Deus assim o exige – e ele puxou a faca. (ibidem, p.23; apud ibidem, p.70)

Ele acreditou em virtude do absurdo:

> Abraão não acreditou que se tornaria bem-aventurado no além – nem que se tornaria bem-aventurado aqui neste mundo ... Acreditou em virtude do absurdo; pois foi interrompida há muito tempo toda avaliação humana ... Nada é tão sutil e notável como a dialética da fé, ela possui uma elevação, a qual posso bem representar, mas também não mais do que isto. (apud Lukács, 1985, p.170)

---

7 "Eu vou ... como esposo rir, não devo me admirar desse escárnio, logo eu não temo... O que para o rebelde são apenas cadeias e para a alma escrava apenas pesados deveres são para mim títulos e dignidade que não comparo com os de um rei, de um duque ... eu honro o rei, como faz todo bom esposo; mas a posição que possuo enquanto tal, é mais do que a da realeza" (Kierkegaard, 1994, p.170).

AS FORMAS E A VIDA **127**

Segundo Kierkegaard, a narrativa de Abraão contém uma "suspensão teleológica do ético". A diferença entre Abraão e o herói de uma tragédia é fácil de se perceber. O herói trágico permanece ainda no interior do ético, melhor dizendo, ele mostra os limites do ético. Já a disposição incondicional de Abraão de sacrificar seu filho Isaac está um passo além, ele transgride por meio de seu gesto o ético, diz Kierkegaard (1992, p.54): "Ele tinha o mais elevado *telos* em relação ao que (o ético) ele coloca em suspensão".

Para Kierkegaard, trata-se, portanto, de como se quer colocar a ação de Abraão em relação ao geral. Seu ato é mais elevado do que o geral: "este é uma pura questão privada" (ibidem, p.55). Ele foi além do geral; ele como indivíduo, como singular está em uma relação direta com o absoluto:

> Na medida em que o geral existe, ele já estava oculto em Isaac, por assim dizer dentro de seu corpo e teve que se manifestar por meio da boca de Isaac: não faças isso, tu destróis tudo – Por que então Abraão faz assim? Pela vontade de Deus e o que é totalmente idêntico, pela sua própria vontade. Pela vontade de Deus ele o faz, porque Deus exige uma prova de sua fé, pela sua própria vontade o faz, para que possa com isso provar ... é uma prova, uma tentação – mas o que isto quer dizer? O que leva um indivíduo a cair em tentação é aliás o que ele quer ocultar na realização de seu dever, mas aqui a tentação é o próprio ético, o qual quer ocultar de si, de fazer a vontade de Deus. (ibidem, p.54, apud Lukács, 1985, p.162)

Lukács estabelece aqui – quando Kierkegaard afirma que a tentação é o próprio ético – uma conexão curiosa entre a doutrina do pecado de Meister Eckhart, a atitude da Judite de Hebbel, a interpretação de Kierkegaard da suspensão do ético e a ação do terrorista; "não é permitido matar, é uma culpa incondicional e imperdoável; não se deve, mas é necessário, no entanto, que se faça" (Lukács, 1975b, p.53).

Em Meister Eckhart ele se reporta a uma passagem do *Livro do consolo divino* que foi literalmente excomungada na *Bulla Johannes*

128 CARLOS EDUARDO JORDÃO MACHADO

XXII como "herética" e "equivocada" – ele quis saber mais do que o necessário:[8]

> E por isso, já que Deus em certa medida quer que eu tenha cometido um pecado, mesmo que eu não quisesse, que eu não o tivesse feito, pois assim se faz a vontade de Deus "na terra", isto é tanto o mal-feito, "como no céu", isto é quanto o bem-feito. (Eckhart, 1979, p.110, apud Lukács, 1985, p.162)[9]

Para o jovem Lukács (1985, p.103), há uma linha de continuidade de Eckhart e da experiência mística – a idéia de um Deus "oculto" – a Kierkegaard. O que para Eckhart era o consolo, diz Lukács, "(é Deus que fala no homem), torna-se aqui [em Kierkegaard] desespero (é no homem que Deus fala)". A justiça divina "esconde-se". Lukács toma uma passagem do *Estágios no caminho da vida* sobre o calar de Deus, "Deus fala no homem", que significa:

> Se Deus se defrontasse com o eu como tu de tal modo que se pudesse dizer a ele: "deixa agora ouvir o que tens a dizer, logo tu deverias ver também o que eu tenho a revidar!". Isso seria certamente confortável! Mas por isso ele é o mais forte, o único forte, porque ele não fala ao homem desse modo. Ao travar relações com um indivíduo ele fala através dele para ele. (ibidem)

A reclusão

Para Lukács, é Kierkegaard que pensa até o fim a situação do indivíduo problemático na tradição européia ocidental. Kierkegaard antecipa em sua filosofia da existência o que passa a ser, com o fracasso da revolução de 1848, o problema fundamental da prosa moderna, em Flaubert. É Kierkegaard que permite a Lukács entender

---

8 Cf. *Bulle Johannes* XXI de 27 de março de 1329 em Eckhart (1979, p.449-55).

9 A passagem citada pelo jovem Lukács da bula papal foi, juntamente com outros artigos de Eckhart, excomungada, porque "contém o mal da heresia tanto no seu teor como na conexão de suas idéias" (p.454).

AS FORMAS E A VIDA **129**

teórico-historicamente a "nova" situação do moderno, a situação da "desilusão" e da insignificância do indivíduo (cf. Lukács, 1985, p.46).

Frédéric Moreau vive a revolução de 1848 bem de perto, mas inativo. Para ele o mundo exterior tornou-se incompreensível, tedioso; não há mais nada para narrar da experiência.[10] Ele não experimenta nada mais e foge para dentro de si. Na sua interioridade reclusa tudo que vem do mundo exterior deve ser negado e por meio dessa negação se torna reflexiva: uma recordação. O isolamento parece ser para Kierkegaard uma ilha romântica distante do mundo dominante das convenções do "espírito objetivo", em que o "homem intelectual" pode encontrar o seu lugar de refúgio.

Da exterioridade não fica vestígio algum. O isolamento é para o sujeito a única possibilidade disponível para manter a si mesmo como "homem intelectual". Quanto mais o indivíduo pode se manter no isolamento, tanto mais elevado está enquanto homem intelectual (apud Lukács, 1985, p.103). O mundo exterior está fechado para ele.

Segundo Lukács, esse isolamento expressa a situação do indivíduo europeu ocidental: solidão. Para Kierkegaard, o ímpeto da solidão é uma necessidade vital como o respirar. Enquanto a contraposição entre interior e exterior, no romance de desilusão, conduz à dissolução de sua forma, produzindo um pessimismo inconsolável, Lukács vê no conceito de reclusão de Kierkegaard uma forma de transição para poder romper com o mundo das convenções. Enquanto lá, a recordação, como aniquilamento da exterioridade, é o meio mais profundo para se produzir a totalidade da forma do romance, aqui ela é pensada como meio reflexivo (metafísico), para poder abandonar o mundo dos deveres e fundar uma "segunda" ética.

---

10 "O que se pode narrar, se não há mais nada para narrar? Como deve ser concebido um romance se nada mais se distingue do cinza do cotidiano, se não há mais nenhuma grande ação e paixões? O protagonista [Frédéric Moreau] deste romance torna-se um indivíduo mediano, um qualquer, seu fazer é uma espécie de não fazer, movimento vazio cá e lá" (Bürger & Bürger, 1988, p.277-8).

Em Kierkegaard, a subjetividade é arremessada, da prepotência da alteridade, para si mesma. Na reclusão, os deveres éticos são teleologicamente suspensos. A reclusão é um desespero potenciado do ser recluso que aniquila a exterioridade. É um calar, no qual o desesperado vive como um *incognito*, para ele não há nenhum exterior correspondente. O "mutismo" (*Schweigsamkeit*) é demoníaco, uma forma potenciada do desespero, como fala o diabo a Adrian Leverkühn em *Doktor Faustus* de Thomas Mann (1948, p.344 ss.): "Se sabes algo, cala".

Segundo Lukács (1985, p.184), o indivíduo em Kierkegaard é para si mesmo um *incognito*, um conceito que é colocado simultaneamente com a idéia manifesta e plena de substância. A reclusão é uma determinação formal pura e indiferente em relação a seu conteúdo, ela pode ser "tanto a forma do bem como a forma do mal". A reclusão é luciferina, mas "luciferino" aqui não significa algo de meramente negativo, nem, ao contrário, um modelo. Lukács cita a seguinte passagem dos *Estágios no caminho da vida*:

> demoníaca é toda individualidade que sem meio de determinação (daí a reclusão em relação aos outros) só se relaciona com a idéia por meio de si mesma. Se a idéia for Deus, então a individualidade é religiosa; se a idéia for o mal, então ela é demoníaca em sentido estrito. (apud Lukács, 1985, p.158-9).

Em sua obra *A doença mortal*, Kierkegaard (1976, p.106) diz o seguinte: "O correspondente à reclusão é uma autocontradição". O desesperado, que quer ser ele próprio desesperado, torna-se mais forte e demoníaco.

> Mas quanto mais o desespero se torna espiritual, tanto mais a individualidade se torna um mundo próprio para si na reclusão, e por isso mais indiferente com o exterior, sob o qual o desespero se oculta. E justamente quanto mais o desespero se torna espiritual, tanto mais ele próprio reflete com inteligência demoníaca para manter o desespero recluso na reclusão e por isso mais atento para pôr o exterior em indiferença, é tão insignificante e indiferente como possível. (ibidem, p.106-7)

AS FORMAS E A VIDA 131

A suspensão dos deveres leva à solidão. A ruptura com o mundo das convenções é um momento de transição à "segunda" ética. Kierkegaard vê a "primeira" ética (dever) na "segunda" ética (pecado): o "dever" é vivido. Lukács toma como exemplo o gesto de Abraão, segundo Kierkegaard o interpreta, como "assunto privado", para mostrar a ação de Ivã Karamazov diante dos jurados como uma intensificação desse tipo humano e evidenciar sua significação como ruptura com o mundo das convenções. A ruptura com o mundo das convenções vivida por Ivã não é nenhum "assunto privado", mas sim um gesto diante da opinião pública. Ele fala de parricídio sem tê-lo feito. Abraão também somente puxa a faca, mas depois jamais falou a respeito. O gesto de Ivã é já em si contraditório, mas expressa o que está recluso; seria um erro reduzir sua expressão a uma mera irrupção do patológico. De Deus ele não recebeu nenhuma recompensa, ele não pode de fato defender Dimitri, ele vive a impotência do homem "da bondade" e sofre por isso. Mas disse a verdade. Não diz "eu" confesso, mas *nós todos*. Ivã é um tipo de transição e não tem nada a ver com a desilusão de Frédéric Moreau ou Niels Lyhne. Ele diz a verdade diante do público: uma ruptura com o mundo das convenções. Ele faz o contrário: uma "reclusão" em público. Resultado: mal-entendido.

O risível aqui salta à vista, como os gestos eloqüentes na sala do júri nos quadros de Daumier. O mundo empírico, visível apenas por meio de um véu, é desmascarado. Mas Ivã fracassa e enlouquece. Sua vivência trágica é interpretada por Lukács (1985, p.144) como um "ato germânico": Ivã permanece sendo uma alma isolada.

A ruptura com as convenções ("primeira" ética) não conhece em Dostoiévski nenhum retorno; Ivã não retorna à vida "normal" como Andrei Bolkonski depois do restabelecimento de Anna Karenina em Tolstoi. Diferentemente do engenheiro Kirilov em *Os possessos*, ele ainda vacila entre o ser e o não ser de Deus como um ateu crente igual a Hipólito, em *O idiota*, que ainda crê em Deus. A confissão de Hipólito – como já vimos – é também em si contraditória, mas ele também vai além.

132 CARLOS EDUARDO JORDÃO MACHADO

A "reclusão" é o conceito de subjetividade que permite a Lukács interpretar a ação nos romances de Dostoiévski como uma intensificação. A suspensão do ético, a ruptura com o mundo das convenções levam à solidão. No isolamento o indivíduo se fecha aos outros. A "reclusão", como Kierkegaard a descreve, é a interioridade do "indivíduo problemático". Esse foi o percurso da literatura européia ocidental, que culmina com a representação de 1848 na *Educação sentimental* de Flaubert.

Ivã Karamazov, Hipólito e Kirilov são os indivíduos solitários de Dostoiévski, mas já são tipos transitórios. Eles abandonaram o mundo das convenções, mas são incapazes de amar o próximo. Eles sofrem. Para eles a reclusão torna-se absoluta e por isso um perigo. A reclusão absoluta é um perigo como uma viagem no escuro.

Para Kierkegaard, o perigo do suicídio está no ponto intermédio se a reclusão se tornar absoluta.[11] Em *A doença mortal*, o suicídio significa "revolta contra Deus"; Lukács mostra bem como Kirilov incorpora essa idéia. Os gestos de Kirilov e de Hipólito expressam os mesmos pensamentos que os de Kierkegaard em relação ao suicídio. É como se Dostoiévski tivesse lido Kierkegaard; "Suicídio é delito contra Deus... percebido por Kirilov – junto a isso, no entanto, o suicídio como fim da 'reclusão absoluta'". E Lukács (1985, p.163) menciona a seguinte passagem de *A doença mortal*:

---

11 Na *Stern der Erlösung* (1921) [*Estrela da redenção*], Franz Rozenzweig pensa uma "metaética" na qual se pode observar também uma influência da filosofia da existência de Kierkegaard. Para ele, o suicídio é um perigo como uma viagem no escuro, uma viagem na interioridade, que está fechada para o exterior e que tem como perigo o suicídio: "O suicídio não é a morte natural, mas antinatural pura e simplesmente ... É bem necessário que o indivíduo se retire uma vez em sua vida, precisa uma vez abaixar, cheio de devoção, o frasco precioso, ter se sentido na mais medonha pobreza, solidão e abandono de todo mundo e ao longo de uma noite ter estado cara a cara com o nada. Mas a terra o exige de novo. Ele não deve engolir o líqüido negro naquela noite. Está destinada para ele uma outra saída do desfiladeiro do nada como da queda na garganta do abismo" (Rozenzweig, 1993, p.4).

AS FORMAS E A VIDA **133**

A reclusão absoluta é preservada ... logo o suicídio torna-se um perigo que está mais próximo a ele (ao recluso). Os indivíduos, como são em geral, não possuem nenhuma idéia do que é capaz de suportar um tal recluso; se viessem a saber se horrorizariam. Por isso o suicídio é de novo um perigo para o recluso absoluto.

Kirilov entende o suicídio como "delito contra Deus", como protesto, é o que se lê também na conversa com Piotr Stepanovitch: "Se Deus existe, toda vontade lhe pertence e fora dessa vontade nada posso. Se ele não existe, toda vontade me pertence e devo proclamar minha própria vontade". A prova disso, quando se é o próprio Deus, é se matar, e continua:

> Tenho que meter uma bala na minha cabeça porque o suicídio é manifestação suprema de minha própria vontade ... Para mim, a idéia mais elevada é a negação da existência de Deus. Toda história da humanidade me presta testemunho. Até agora o homem não tem feito senão inventar Deus, a fim de viver sem se matar a si mesmo. (Dostoiévski, 1985, p.905-6)

Kirilov expressa em seu diálogo um caso puro de individualismo "abstrato", cuja abstração da vontade autônoma atinge o seu ápice. Quando se é o próprio Deus, porque não há mais Deus, tudo é permitido. Hipólito não expressa outra coisa: "A única ação que ainda tenho tempo de iniciar e acabar por vontade própria é o suicídio" (Dostoiévski, 1976, p.545).

Kirilov coloca a prova do eu-Deus contra a existência de Deus: "Se Deus não existe, eu sou Deus" (Dostoiévski, 1985, p.905). O eu se torna mítico e – com as palavras de Adorno (1974, p.103) – "o demonismo toma de assalto a subjetividade tornando-a em inverdade ontológica contra a verdade ontológica de Deus". Lukács (1985, p.183) compara a impossibilidade da prova de Deus de Kierkegaard com a prova do eu-Deus de Kirilov, e se refere à seguinte passagem dos "Fragmentos filosóficos":

> Nós damos a ele apenas um nome. Querer provar, que esse desconhecido (Deus) existe, é difícil pensar. Se Deus mesmo não existe, en-

tão é uma impossibilidade provar isso; se ele existe, então é uma tolice querer prová-lo ... A "prova" extrai daqui apenas resultados-chave ulteriores. Logo eu não tomo parte com segurança no existente mas me excluo do existente.

Por meio da exclusão da interioridade do existente como contraprova de Deus, Kierkegaard soluciona o dilema do solipsismo. A interioridade reclusa do exterior age como se os outros não estivessem aí. É um eu sem objeto e condenado: puro demonismo, a linguagem interior que não sabe *a priori*, "se ainda há outros homens" no mundo.[12] Com as palavras que Lukács menciona do *Ensaio sobre o cristianismo*:

> Eu creio que o primeiro início da prova de tornar-se e ser um cristão é aquela em que se volta de tal modo para dentro de si como se todos os outros não estivessem aí, tão voltado para si, que se está literalmente só no mundo inteiro, só diante de Deus... (apud Lukács, 1985, p.180)

Lukács faz de Dostoiévski um leitor de Kierkegaard.[13] A conexão entre a opinião de Zósima sobre a Igreja e o conceito da Igreja belicosa e triunfante de Kierkegaard é significativo. Segundo Lukács (1985, p.180), ambos concordam com a idéia de que a vitória da Igreja é um caso luciferino. "Em Roma no entanto – diz o *staretz* – se propaga no lugar da Igreja o Estado há mais de mil anos" (ibidem, p.107). No *Ensaio sobre o cristianismo*, Kierkegaard escreve sobre a Igreja belicosa e triunfante:

> Na igreja belicosa, ser cristão quer dizer que se representa o cristianismo em um meio que é o contrário de ser cristão. Em uma cristandade triunfante existente ser cristão quer dizer que se representa ser cristão

---

12 "Onde Kierkegaard descobre o caráter místico do mero espírito (*Geistes*), denomina-o de demônico" (Adorno, 1974, p.102).

13 O Lukács da maturidade aproximou com freqüência Dostoiévski de Kierkegaard pela representação de um "ateísmo religioso", conforme sua crítica à filosofia de Kierkegaard em sua obra *Die Zerstörung der Vernunft*.

AS FORMAS E A VIDA **135**

em um meio que é equivalente, idêntico a ser cristão. Sou eu no primeiro caso o verdadeiro cristão, logo isso torna evidente (pois a cena é decerto o inverso) o contrário e revela a contradição que sofro; e na mesma medida que meu cristianismo é mais verdadeiro, a contradição é maior. (apud Lukács, 1985, p.180)

Lukács toma de empréstimo o motivo kierkegaardiano de um Cristo não objetivado contra a fé objetivada para com isso formular uma crítica radical às diferentes formas do Estado e outras formações do "espírito objetivo". O Estado e todas as outras formações dele derivadas são caracterizados como um poder puro e simples como são poder um terremoto ou uma epidemia; nas palavras de Lukács (1985, p.185): o Estado é uma "tuberculose organizada". A recusa de todas as formas de poder, que subordinam os valores puros da alma, é formulada por meio de uma crítica das formas históricas do Estado da época da pólis grega passando pela expansão medieval da Igreja católica até o Estado moderno.

Lukács não esboça nenhuma "metafísica" do Estado, mas do "socialismo" – no sentido anticapitalista romântico da palavra (Löwy, 1976). O caminho triunfante do Estado é descrito como o caminho triunfante da Igreja (Fehér, 1977a, p.291). Lukács se apóia em Kierkegaard para desmascarar a (belicosa e triunfante) Igreja católica: a vitória da Igreja é um vitória de Satã, e cita a seguinte passagem do *Ensaio sobre o cristianismo*:

Sim, esse rigor ajudou, ele leva à verdade de que ser cristão significa ser semelhante à divindade. Essa foi a Igreja belicosa; Satã mesmo não foi capaz de nada contra ela, já que ele deu a desejada ocasião aos heróis da fé ... o necessário motivo para isso, já que a glória do indivíduo oculto tornou-se transparente – pois a glória cristã é um indivíduo interior, uma interioridade que deve permanecer na luz, para mostrar-se direito. Assim disse Satã para si próprio: desse modo eu não venço; e modificou seu método. Ele construiu a Igreja católica segundo o modelo que agora venceu, e teve que se livrar dos litígios para gozar sua vitória. (apud Lukács, 1985, p.93)

Rússia e Europa Ocidental

Os heróis de Dostoiévski deram um passo além dos heróis dos romances europeus-ocidentais. Lukács toma de empréstimo o conceito de pecado (desespero) da ética de Kierkegaard, o qual entremeia com a interpretação de Meister Eckhart para se contrapor moralmente à ação do terrorista. A ruptura como suspensão dos deveres em relação ao mundo das convenções, a "primeira" ética, conduz à solidão. O indivíduo foge para seu interior; sua interioridade torna-se reclusa: sua reclusão é o âmbito de ação do demonismo.

Os romances de Dostoiévski como uma nova forma do épos significam para o jovem Lukács, em primeiro lugar, a superação da fraternidade "abstrata" dos seus tipos de indivíduo, eles não fogem para dentro de si: são "irmãos de todos os homens". Para tornar claro o contraste entre "primeira" e "segunda" éticas na Rússia e na Europa Ocidental, tentarei sintetizar o caminho triunfal do espírito objetivo na cultura ocidental.

A Antigüidade grega, melhor dizendo, a pólis ateniense não aparece a Lukács, como pensava Hegel, como um dos poucos instantes "bem-aventurados" da história; para ele é a Grécia Arcaica: os heróis de Homero vivem os "tempos bem-aventurados". A pólis já é luciferina. O cortejo triunfal do "espírito objetivo" ocorre com a dissolução da Antigüidade. A primeira fase do cortejo triunfal começa com a "Igreja belicosa e triunfante". Para o jovem Lukács, já com os apóstolos se inicia o compromisso. Apoiando-se em Kierkegaard, cita uma passagem do *Instante*:

> O cristianismo não chegou a vir praticamente a este mundo, permanecendo como mais elevado modelo os apóstolos – mas esses foram determinados pela sua anunciação já de modo tão forte por meio da preocupação em divulgar que já com eles começa a precariedade (*Misslichkeit*). (apud Lukács, 1985, p.103)

A Igreja torna-se o modelo do Estado moderno (cf. ibidem, p.105). Para determinar sociologicamente essa primeira fase, Lu-

AS FORMAS E A VIDA **137**

kács refere-se à *Doutrina social da Igreja cristã e grupos* de Troeltsch. Encontra na simbólica figura de Paulo uma "unidade do conservador e do revolucionário, com ênfase no primeiro" e continua:

> mas em Paulo ... estão presentes apenas [segundo Troeltsch] "vontade e resignação criadas por Deus e segundo a sua maneira funda no pecado relações de poder" enquanto aparecem precariamente sob formas complicadas. Isso deve ser sociologicamente correto: metafisicamente significa a acentuação do jeovista e de si mesmo voltados para o divino. (Lukács, 1985, p.104)

Com a acentuação do jeovista desaparece a exigência utópica, diz Lukács (1985, p.105):

> Certamente há no próprio Cristo a exclusão (*Ausschlisslichkeit*) da segunda ética ao passo que nos posteriores se encontra sempre mais uma aproximação com Jeová em primeiro plano ... Assim o estado torna-se não apenas resultado do pecado, como também meio de cura.

Nesse processo resulta, para ressaltar a exclusão da "segunda" ética, a "necessidade de uma nova pólis luciferina" e da sua própria metamorfose completa em jeovista (cf. ibidem, p.105). Na busca de uma nova pólis, a Igreja, começa a segunda fase: Lukács encontra a sua realização na *civitas dei* da concepção de Agostinho. A *civitas dei* é o contrário da pólis. Lukács pega de empréstimo a idéia do Estado como "pecado organizado". Segundo o modelo da Igreja, o Estado é construído. Para compreender a luta descrita entre dever e direito no percurso da marcha triunfal do "espírito objetivo", a "justiça" é a palavra-chave. A justiça é o princípio do Estado corretamente regulado. Como categoria da "segunda" ética, a justiça não aparece seja para Aglaia em *O idiota* seja para Lisa de *Os irmãos Karamazov*; nem para Hamlet, nem para Polonius.

Para Lukács (1985, p.176-7), o Sermão da Montanha supera já a justiça, para colocar em seu lugar a bondade (*Güte*). Agostinho foi para o jovem Lukács o descobridor da condição estatal e criatural da justiça de Cristo que reconhece o inimigo autêntico (Fehér, 1977a, p.292-3). O círculo do espírito objetivo parece "jeovista": Jeová, o Deus vingativo e justiceiro do Velho Testamento.

A fase seguinte é constituída pelo movimento das seitas heréticas e pela idéia do Estado de Lutero. Como a doutrina de Tomás de Aquino concede o direito relativo de propriedade e escravidão, a doutrina de Lutero coloca-se a favor da manutenção da servidão – diz Lukács (1985, p.106-7) – "porque sua superação" – e cita Lutero segundo Troeltsch – "'significa tornar a liberdade cristã inteiramente carnal'. É ao mesmo tempo contra o Evangelho e a rapace". Lutero legitima uma "autoridade em geral, uma tal ideologia dada deixa-se aplicar também a qualquer estado". O patriarcal é conservador (ibidem, p.105). O conservadorismo domina a Igreja e a reação possível contra isso é o movimento das seitas, diz Lukács (ibidem, p.106), "que por causa da comunidade voluntária (a dominação única da segunda ética) torna-se necessariamente aristocrática".

Os anabatistas, waldenser, taboritas são investigados, conforme ele diria posteriormente, como fatores "subjetivos" da revolução no estágio de acumulação na história. Defendê-las significa: não deve haver "pobres"; o cristão não pode ter nenhuma propriedade, apenas a comunidade (*Gemeinde*); depois da morte de Cristo não há mais demônio, nem purgatório; é melhor vestir os pobres do que enfeitar paredes de igrejas, já que a Igreja é mera criatura; o furto é lícito; essa seitas colocam-se contra a servidão – são pela fraternidade (cf. ibidem, p.108-9).

Lukács esboça a concepção do livro de Ernst Bloch *Thomas Münzer, o teólogo da revolução* e enfatiza o programa dos anabatistas – a fé como luta e o arrependimento como ação – e cita Johannen Denk: "Confessar-se não significa um arrependimento superficial, mas abandonar a velha vida e tornar-se um novo homem" (apud Lukács, 1985, p.112).

O que nessa conexão é decisivo é o papel destacado dos místicos, sobretudo de Meister Eckhart. Eckhart não é apenas citado quando Lukács discute a sua interpretação do pecado, excomungada pela Igreja, e a aproxima da concepção de Kierkegaard do desespero, mas

AS FORMAS E A VIDA **139**

também o ideal de Eckhart de uma *vita activa*, que compara com a figura do *staretz* Zósima. A sua concepção da bondade deve ser vista em conexão com os místicos. A "bondade" é a categoria fundante da "segunda" ética e a palavra-chave de sua análise formal dos romances de Dostoiévski: os "homens da bondade". Lukács se refere ao sermão "Como uma estrela da manhã" de Eckhart; "A bondade liga-se ao ser e só assim é apreensível como tal: se não houvesse ser, não haveria também nenhuma bondade" (apud Lukács, 1985, p.173).

Lukács pergunta também se a concepção de Eckhart não conteria o "espírito alemão", que significa: "o isolamento completo como o unicamente essencial. Se não há um outra bondade (russa), que não seja relação? (A questão se a bondade aparece como Deus ou não, não é idêntica nem com a unidade de bondade e ser, tampouco com uma categoria de relação) – A bondade de Deus corresponde à vontade" (ibidem, p.173) e ressalta o Deus solitário de Eckhart: "Sabes vós a partir do que Deus é Deus? De que ele é sem criatura! Ele jamais nomeou seu nome no tempo. No tempo há criatura e pecado e morte" (apud ibidem, p.148).

Com o Deus solitário de Eckhart começa a quarta fase da marcha triunfal do espírito objetivo: no lugar da Igreja aparece a filosofia alemã. O primeiro representante simbólico é Fichte: seu ponto de partida (vacilante) contraditório mostra como é evidente o limite entre acentuação e repulsa do jeovista. Fichte identifica o conceito de Nação com o de Estado, pois lhe falta a seguinte visão: "'Nação' é ideologia do Estado" (Lukács, 1985, p.118). O Estado é, por um lado, "instituição coercitiva, mas na idéia viva apenas indicador de direção" (ibidem, p.120); por outro lado, toda individualidade deve partir também da formação do Estado. Lukács refere-se à seguinte passagem de Fichte:

> Não deve haver de modo algum no estado acabado nenhum fim individual, que não faça parte do cômputo do todo ... não há nenhum modo de formação que não parta da sociedade, isto é, do estado em sentido estrito... (apud Lukács, 1985, p.120)

140 CARLOS EDUARDO JORDÃO MACHADO

Para o leitor de Hegel, Marx e Weber, em Fichte, os conceitos de Nação e de Estado são não apenas obscuros, falta-lhe também o conceito de uma economia mundial, quando Fichte pensa o Estado comercial fechado (*geschlossenen Handelsstaat*):

> Aqui a economia-poder-comunidade recebe uma falsa consagração metafísica: essa extensão é identificada com a cultura (com a qual ela não tem nada a ver). Aqui o ponto de vista vacilante do Estado comercial fechado se vinga: o nominalismo insuficiente e a falta do conceito de economia mundial. (ibidem, p.119)

O segundo representante é Hegel. Segundo Lukács, o dilema "alma ou Estado" desaparece nos *Princípios da filosofia do direito* de Hegel: "Hegel pressupõe a substancialidade e a eticidade do Estado: 'Esse tratado não deve ser nada além do que a tentativa de apreender e representar o estado como algo em si racional'" (apud Lukács, 1985, p.91). A filosofia de Hegel é portadora da "primeira" ética (cf. ibidem, p.94). Com essa figura de proa da filosofia alemã, o espírito objetivo é hipostasiado até ao absoluto (cf. ibidem, p.89), por isso mesmo aparece nele o que foi duramente criticado por Kierkegaard: "deificação do existente". O Estado e as formas derivadas do espírito objetivo são substancializadas.

Lukács pensa em uma inversão da filosofia hegeliana: como categoria da "segunda" ética, "o concreto está além do finito e do infinito" e "da realidade como unidade de possibilidade e necessidade" (cf. ibidem, p.174). Em relação à filosofia de Hegel, a contraposição de Lukács, nas *Anotações sobre Dostoiévski*, não é unilateral, mas multifacética e orientada para diferentes direções. Antes de tudo, a "dialética histórica" de Hegel é para ele o instrumento que utiliza de modo engenhoso, como uma tentativa de compreender um gênero formal histórico-filosoficamente; ao contrário da posição contraposta do jovem Lukács em relação ao seu sistema, apesar de que já era evidente para ele a profunda significação de Hegel para decifrar o "mundo do espírito objetivo". Em contrapartida, a história mítica da *Fenomenologia do espírito* foi útil e esclarecedora como história

AS FORMAS E A VIDA **141**

mundial da alienação e sua superação.[14] Na marcha triunfal do jeovista efetuam-se as peripécias do "espírito objetivo".

A recepção lukacsiana de Hegel está fortemente impregnada da crítica de Kierkegaard e da de Marx, como se pode observar nas *Anotações sobre Dostoiévski*. Lukács concorda apaixonadamente com a crítica de Marx à "reconciliação com a realidade" de Hegel. O real não é o racional. Lukács cita o jovem Marx:

> é positivo, real – porque é irracional ... Se o positivo deve valer, porque é positivo, logo devo provar que o irracional é positivo e o positivo não racional? Que o positivo existe não por meio da razão, mas apesar da razão? Se a razão fosse a medida do positivo, logo o positivo não seria a medida da razão. (apud Lukács, 1985, p.95)

Na crítica de Marx a Hegel, Lukács vê a existência "da possibilidade do conhecimento da verdadeira estrutura do espírito objetivo" e afirma: "aqui reside a significação de Marx" (ibidem, p.90). O que Lukács tenta mostrar com sua "mitologia mundial" da marcha triunfal do espírito objetivo é, na verdade, a expansão mundial do capitalismo. Lukács já era desde a época de seu livro sobre a história do drama, sob a influência de Simmel, um leitor de Marx.

Nas *Anotações sobre Dostoiévski* a economia mundial é um conceito mais importante do que o de nação, sobretudo quando o autor pretende criticar o entusiasmo bélico. Na verdade, esboça com sua filosofia da ação (a "segunda" ética) uma "metafísica do socialismo", e de modo algum uma metafísica do Estado. Nesse sentido, encon-

---

14 Para o jovem Lukács já é evidente que o que falta à concepção política de Fichte é a economia mundial, o conceito central da *Fenomenologia do espírito* de Hegel. No pano de fundo do percurso demiúrgico do "espírito objetivo" oculta-se uma complexa relação de dialética e economia. A primeira contraposição com a filosofia hegeliana e com a crítica de Marx é uma prova disso, isto é, para poder compreender as *Anotações sobre Dostoiévski* como a forma originária da teoria da reificação de Lukács. Essas representam um esboço não apenas de *História e consciência de classe*, mas também de seu livro, escrito vinte anos depois, *O jovem Hegel*.

142   CARLOS EDUARDO JORDÃO MACHADO

tra-se tanto na versão definitiva de *A teoria do romance* como na forma fragmentária das *Anotações sobre Dostoiévski* a forma originária de sua teoria da reificação social como problema da totalidade e da narrativa – sua interpretação da *Educação sentimental* de Flaubert é uma prova de uma análise formal ("materialista") imanente.

A questão da "tragédia alemã" é de difícil explicação. Esse problema possui um significado decisivo, pois trata-se do próprio modo como Lukács interpreta os heróis de Dostoiévski. Ele pensa essa visão não do exterior, mas como um revolucionário "intelectual" (*geistiger*) alemão (Bloch[15]). Ferenc Fehér tem razão ao afirmar que, com as *Anotações sobre Dostoiévski*, Lukács pôde se tornar um protagonista alemão – não no sentido de um intelectual-acadêmico, mas – como Bloch (Negt, 1972, p.429-44) – o filósofo alemão da revolução de outubro –, "pois o próprio Dostoiévski tornou-se um protagonista alemão, sobretudo nos círculos do anticapitalismo romântico" (Fehér, 1977a, p.276).

Para Lukács, desde sua coletânea de ensaios, *A alma e as formas*, a "tragédia alemã" consiste, como descreve no ensaio sobre Novalis, no seguinte problema:

> Friedrich Schlegel escreveu uma vez: a revolução francesa, a doutrina da ciência de Fichte e o *Wilhelm Meister* de Goethe seriam as grandes tendências da época; essa enumeração contém toda grandeza e toda tragédia dos movimentos culturais alemães. Para a Alemanha houve apenas um caminho para a cultura: o interior, o da revolução do espíri-

---

15 Lukács foi preso depois da derrota da república dos conselhos na Hungria e acusado pelo tribunal da reação como delinqüente. Bloch escreveu um artigo manifesto em sua defesa. Para o leitor de Lukács imaginar, diz Bloch o seguinte: "Lukács nasceu na Hungria, um revolucionário intelectual alemão, logo o exigimos para nós para ajudar de fato um país não muito exposto, para mostrar a visão de humanidade da Alemanha e do método tenaz do movimento dos fins apreendidos" (Bloch). "Aufruf für Georg Lukács" (*Freie Zeitung*. Bern 27.8.1919) em *Kampf nicht Krieg*, 1985b, p.437). Ver também no mesmo livro o artigo que foi publicado no *Weissen Blätter*, "Zur Rettung von Georg Lukács" (p.570-1).

AS FORMAS E A VIDA **143**

to; em uma verdadeira revolução ninguém pensou seriamente. (Lukács, 1971a, p.65)[16]

Nas *Anotações sobre Dostoiévski*, Lukács concorda com a crítica do jovem Marx à "miséria alemã": "Como os velhos povos viveram sua pré-história na imaginação, na mitologia, logo nós alemães vivemos a nossa pós-história no pensamento, na filosofia" (apud Lukács, 1985, p.150). Para o jovem Lukács a "tragédia alemã" significa não apenas o caminho solitário como destinos de seus tipos de heróis, mas também o compromisso resignado com o mundo da "primeira" ética, que culmina com a "reconciliação com a realidade". É desse modo que ele compreende, na *Teoria do romance* (1994, p.121), essa problemática no *Wilhelm Meister*:

> Mas a solidão não é aqui casual, nem testemunha contra o indivíduo, mas significa muito mais, isto é, que a vontade de essência conduz para fora do mundo das formações e das comunidades, que uma comunidade não é possível senão com base no compromisso e superficialmente.

O percurso da marcha triunfal do espírito objetivo, da história mundial, é representado em conexão com a história do indivíduo. A "tragédia da Alemanha" corresponde a uma imagem mitológica de um povo histórico mundial no sentido de Hegel como ascensão e queda. A análise de Lukács passa pela história e cultura alemãs. O grande momento histórico é uma situação determinada, na qual se chega a uma grande tensão entre "primeira" e "segunda" éticas. Nas *Anotações sobre Dostoiévski* (1985, p.142) é a época do classicismo:

---

16 A passagem das *Lições de história da filosofia* de Hegel, sobre a filosofia de Kant, era com certeza não desconhecida para o jovem Lukács. Kant possui o mesmo princípio que Rousseau – a liberdade – como o absoluto. Mas os franceses possuem o princípio da realidade, eles dizem, "Il a la tete après du bonnet". Na Alemanha, diz Hegel (1971, p.331-2), "este mesmo princípio despertou para si o interesse da consciência, mas se desenvolveu apenas teoricamente. Temos, os alemães, todo tipo de humor dentro e fora da cabeça, mas preferimos meditar com a touca de dormir (*Schlafmüntze*) na cabeça".

144 CARLOS EDUARDO JORDÃO MACHADO

A época clássica: grande tensão entre primeira e segunda ética, máximo na segunda. – O Estado (que é meramente utópico) deve tornar-se metafísico para manter-se em equilíbrio. A aspiração ao sistema e homogeneidade (estético-luciferina): a segunda ética deve ser absorvida pelo sistema (Estado) (partindo das tradições das seitas protestantes): O Príncipe de Homburg, Kohlhaas.

Na medida em que o Estado é meramente utópico, a tensão torna-se mais profunda e trágica, na medida em que a realidade se torna superficial. O drama alemão significa: a solidão aumenta e se aprofunda; só há heróis solitários.

A história mundial e a história individual unem-se:

Problema: o que a alma elevada encontra? 1) Índia: a identidade com o respirar: desaparecimento da individualidade; 2) Alemanha: a alma própria – em relação com Deus; 3) Rússia: a alma própria – na comunidade, querida e criada por Deus, das outras almas.

Contra a solidão surge a nostalgia pela comunidade russa e Lukács (1985, p.143) acrescenta:

Eis por que: a tragédia alemã: há apenas heróis solitários (Goethe e Lutero como compromisso). Saída: Pólis (eis por que: analogia com a Grécia – mas com má-consciência: se é estruturalmente luciferina, mas decerto quer-se tornar paraclético/ como processo de consciência: quer se tornar grego, mas não se pode; nostalgia). Dever como tentativa de superar o luciferino-heróico no caminho da comunidade (paraclético-fraterno); mas se vai ou muito bem – e se dirige ao jeovista (Hegel), ou é uma resignação...

A última fase mitológico-mundial da marcha triunfal do espírito objetivo corresponde a algo pessoal, uma perspectiva escolhida, como disse o amigo de Lukács, Paul Ernst (Kutzbach, 1974, p.131):

Já que a prosperidade alemã da época clássica rompe-se internamente por volta de 1830 ... Não pode vir, por isso, uma renovação da humanidade hoje dos alemães ... mas uma renovação pode vir do povo russo.

AS FORMAS E A VIDA **145**

O povo russo seria tudo aquilo que na idéia alemã foi apenas "pensado panlogicamente", invertido em uma "realidade verdadeira": essa seria a realização da realidade metafísica da "segunda" ética. Os heróis de Dostoiévski são os representantes simbólicos do povo russo: eles fizeram do seu conhecimento ação, abandonaram o meramente discursivo do conhecimento e a sua observação dos outros tornou-se uma intuição intelectual (Lukács, 1990, p.74). O que foi pensado "panlogicamente" pela filosofia alemã torna-se ação em Dostoiévski. A Rússia é o lugar de uma ética além dos deveres; o lugar da "comunidade desejada e criada por Deus". A Rússia é topos e não um modelo metafísico, a saída da cultura européia-ocidental e a superação da solidão. A Rússia é o país da revolução vindoura (a "luz vindoura"): a resposta (certamente em sentido anticapitalista romântico) ao "apátrida transcendental" do ocidente, à insignificância do indivíduo.

O fascínio de Lukács pela Rússia não tem nada a ver com devaneios místicos. A Rússia torna-se antes de tudo depositária da futura comuna socialista.[17] Para Lukács (1985, p.181), surge na Rússia, por causa da "comunidade", um novo tipo de solidariedade:

> a) Oriente: o outro (os outros: também os inimigos) és tu; pois eu e tu somos um engano; b) Europa: fraternidade abstrata: saída da solidão. O outro é meu "concidadão", meu "camarada", meu "compatriota" (não exclui o ódio de raça e de classe, mas até mesmo os causam); c) Rússia: o outro é meu irmão, se eu me encontro, quando me encontro, encontrei-o.

Lukács (ibidem) cita uma passagem de Dostoiévski do Discurso sobre Puschkin: "Tornar-se um russo autêntico e completo ... significa talvez apenas ... tornar-se um irmão de todos os homens".

---

17 Não se deve esquecer de que o velho Marx foi profundamente interessado pela Rússia, como mostra a sua correspondência com Vera Sassulitsch (apud Fehér,1977a, p.301).

146 CARLOS EDUARDO JORDÃO MACHADO

A temática de uma revolução é discutida duas vezes: a primeira como fracasso (Flaubert) e depois como o "novo mundo" (Dostoiévski). Nas *Anotaçoes*, Lukács dá um passo adiante com a tentativa de formular, por meio de uma análise formal detalhada dos romances de Dostoiévski, o nascimento desse novo mundo.

A originalidade dessa tentativa consiste no modo histórico-filosófico com o qual Lukács antecipa a problemática de uma "revolução" por meio de uma análise formal: os heróis de Dostoiévski são os portadores de um novo mundo, são os "novos homens", como eles já se apresentam na *Teoria do romance*. Já que ele acredita poder entrelaçar, por meio do conceito de forma, diagnose de época e uma filosofia da ação evidencia a complexidade e a dificuldade de seu empreendimento.

O jovem Lukács possui uma concepção incomum da ação moral: por um lado, a ação é independente de suas conseqüências. Os homens da bondade atuam livres de determinações exteriores, da exterioridade, isto é a realidade da "primeira" ética, pois assim como a reclusão em Kierkegaard, não há nada. A "realidade" da ação deve ser colocada entre parênteses, pois trata-se de uma "realidade metafísica".

Lukács (1985, p.133) afirma que a realidade deve ser transcendida, pois a alma e Deus são as únicas "realidades". Ambas, no entanto, nunca são reconhecidas de modo puro, mas são, apenas por meio da "segunda" ética, acessíveis e vivenciáveis. De outro lado, a ação é um experimento como um ensaio: atua-se "quando dá ensejo". Em conexão com o amor platônico como analogia para o "ensaísmo", Lukács esboça a seguinte interpretação do sofrimento: "Sofre-se", escreve (1985, p.172),

> por motivos jeovistas: por isso superável ... mas em todo indivíduo profundo: ensaisticamente, não se sofre por causa de, mas pela ocasião de algo. Esse ensaísmo é a intuição do verdadeiro sofrimento que clama pelo Messias (isso em uma democracia ética/superação do "motivo" jeovista/só claramente pode vir à luz) – Também aqui: Europa e Rússia. De um lado: Dante – Kierkegaard; de outro lado, "tomar para si o sofrimento"; Dimitri vai para a Sibéria por causa do "infantil".

AS FORMAS E A VIDA **147**

Os russos tomam para si o sofrimento como saída do pecado, como diz Dmitri Karamazov: "Tome para si a responsabilidade pelos pecados dos homens". Ele vai para a Sibéria por causa do "infantil": "pelo infantil vou para lá. Pois todos são por tudo culpados" (apud Lukács, 1985, p.59). A "criança" é representada, em Dostoiévski, como símbolo do sofrimento puro e simples. Considere-se o episódio "A revolta" de *Os irmãos Karamazov*, em que Ivã conta a Aliocha como as crianças são humilhadas e reprimidas pelas convenções dos adultos ("primeira" ética). Diferentemente de seu irmão solitário Ivã, que não é um russo, Dimitri incorpora a "culpa russa":

> Cada um de nós é culpado por todos e por tudo no mundo, isso é indiscutível – e não apenas por meio de uma culpa cósmica geral, mas cada um por todos os homens dessa terra. Este conhecimento é o coroamento da vida. (apud ibidem, p.59)

Ir até o fim

O tema mais difícil e problemático é decerto o papel do delito em Dostoiévski, que Lukács combina com a ação de um terrorista. As passagens, nas quais aparece uma celebração do criminoso, são as páginas mais obscuras das *Anotações sobre Dostoiévski*. Já tentamos chamar a atenção que quando Lukács discute esse tema mediado pela forma literária (Schiller, Hebbel, Dostoiévski) deixa à mostra também o calcanhar-de-aquiles de sua interpretação: trata-se de uma martiriologia da ação revolucionária e de uma concepção ética elitista e estetizante. A "segunda" ética é uma metaética: uma ética aristocrática para uma "casta metafísica", no sentido do diálogo "Da pobreza de espírito". A essa corresponde o puro aristocratismo do gesto como provocação. A tentativa de superar a ética kantiana, isto é, uma ética além da reificação, fracassa.

Como poderiam ser determinadas as mediações sócio-históricas entre "primeira" e "segunda" éticas? Como compreender a ligação

148 CARLOS EDUARDO JORDÃO MACHADO

entre a vida cotidiana e as formas, ou entre as formas e a vida? Ela seria um "milagre", um "salto" do gesto como forma, ou o auto-sacrifício de um terrorista heróico? Ao perguntar pela palavra "mediação", sabemos de antemão que esta é, para o jovem Lukács, quase uma palavra estrangeira, como se significasse "reconciliação". Trata-se sempre para ele, em primeiro lugar, da questão "ou ou" e nunca de "não-só-mas-também". O projeto de uma "segunda" ética das *Anotações sobre Dostoiévski* fracassa ao não superar o solipsismo da estrutura interna da realidade da vivência (*Erlebniswirklichkeit*).

Sua tentativa de radicalizar o conceito de forma, de ir até o fim e fundar uma ética, é de qualquer modo contraditória. A ética *sui generis* do jovem Lukács é uma obra de transição. De um lado, permanece a tentativa utópica, no sentido de Bloch, quando pensa as relações entre narrativa e totalidade na *Teoria do romance*. Em outras palavras, ao representar um gênero formal histórico-filosoficamente. Na forma coesa e abrangente do ensaio coincidem históricofilosoficamente análise formal e ética. De outro lado, contém também uma "metafísica do socialismo", que ele esboça nas *Anotações sobre Dostoiévski*, uma concepção decisionista da relação entre teoria e práxis, de forma e vida – esse problema não aparece na *Teoria do romance*.

O decisionismo de sua concepção ética poderia ser caracterizado como resultado de sua ainda "epistemologia de direita".[18] Ele ainda vacila, como ele próprio afirma em seu ensaio "O bolchevismo como problema moral":

> Repito: o bolchevismo baseia-se na aceitação metafísica que é possível extrair o bem do mal, que é possível – como Razumichin em "Raskolnikov" – chegar à verdade pela mentira. O editor destas linhas não pode compartilhar dessa crença... (Lukács, 1975b, p.33)

Em sentido ético invertido, pode-se dizer que com referência ao dilema do jovem Lukács, que a ação do revolucionário, apesar de se

---

18 Como o próprio Lukács (1994, p.16) diz, no posfácio de 1962, referindo-se a Bloch, uma "síntese de ética de esquerda e epistemologia de direita".

AS FORMAS E A VIDA **149**

colocar contra o Estado, pode ser arbitrária e tirânica como a decisão do soberano em Carl Schmitt. Ambos agem como se os outros não estivessem lá. Não há pistas da exterioridade, como é o caso também da reclusão em Kierkegaard. Trata-se mais da influência da filosofia da existência de Kierkegaard do que da filosofia de Fichte. A decisão de matar ou não é estetizada e o terror legitimado.

Ao citar Ropschin, não se trata mais de análise formal, como é sempre no caso de Dostoiévski. Ele pretende formular uma filosofia da ação, uma "metafísica do socialismo", que permaneceu incompleta e fragmentária. Sua concepção da práxis encerra decerto, como a relação entre forma e vida, um evidente decisionismo: um dilema, que se resolve por meio de uma decisão. Falta ainda ao jovem Lukács o instrumental teórico capaz de compreender a força da revolução e para poder fundar uma ética para além da reificação.

A comunicação entre forma e vida permanece um "mal-entendido". Essa concepção fica essencialmente inalterada nos escritos éticos de Lukács dos anos 1918-1919. O ensaio de 1918 "Béla Balázs: juventude mortal" é um exemplo disso. A forma de representar de Dostoiévski mostra claramente como nunca antes o "caminho até o absoluto", "o permanente alcançar-a-si-mesmo-da alma". Atitudes que, antes de Dostoiévski, só os místicos conheciam: "mas neles o ato de despir-se a alma das formas sociais significa, ao mesmo tempo, o extermínio de toda forma concreta: a alma está sozinha assim diante de Deus e para que também, diante dele, possa, exterminando toda diferença, fundir-se com ele" (cf. Karadi & Vezer, 1985, p.156). Para Lukács, o significado histórico-filosófico da obra de Dostoiévski reside, portanto,

> em mostrar que ainda há um outro caminho para os homens, que, na sua existência, estão excluídos no interior de uma classe, quando esse é de fato um homem de verdade: colocar-se acima da determinidade social e lançar-se na realidade concreta da alma concreta. (ibidem, p.157-8)

Mas a determinidade social da significação histórico-filosófica de Dostoiévski permaneceu um mero projeto.

O jovem Lukács tenta encontrar uma saída da vida cotidiana para alcançar uma "verdadeira" realidade. Depois de 1918, essa saída é encontrada no engajamento pela revolução. Para se alcançar o novo mundo, é necessário sacrificar-se – "de uma ética mística à cruel *Real*política". Depois de sua mudança para o marxismo, essa concepção é posta em prática. Não é por acaso que encontramos o exemplo do auto-sacrifício de Judith no ensaio *Tática e ética* (1919) (Lukács, 1975b, p.53).[19]

As Anotações sobre Dostoiévski tentam levar a cabo, mais uma vez, a superação da ética kantiana do dever por meio de um decisionismo radical. Pouco depois toma como tarefa um outro projeto sobre estética (*Heidelberger Ästhetik* (1916-1918) [*Estética de Heidelberg (1916-1918)*],[20] que retoma, renova e radicaliza, como nunca antes, o kantismo. Em virtude da tentativa de fundar eticamente o conceito estético de forma permanece até hoje esse "retorno a Kant" como um enigma na literatura sobre Lukács.

---

19 O original em Hebbel significa: "Se entre mim e meu ato colocas um pecado, quem sou eu para discutir contigo?" (Hebbel), *Judith*. Ato III, em *Werke*, B. I. Wiesbaden, p.23).

20 Uma parte desse manuscrito, o ensaio "Die Subjekt-Objekt-Beziehung in der Ästhetik" [A relação sujeito-objeto na estética"], foi publicada na revista *Logos*, n.1917-18/1 (Lukács, 1975a, p.91-132).

AS FORMAS E A VIDA 151

Figura 11 – Fotogramas da época da República dos conselhos. Lê-se na legenda em húngaro: "O comissário do povo, camarada Lukács, agradece ao proletariado a sua ajuda no combate à contra-revolução" (Fekete & Karádi, 1981, p.110).

Figura 12 – (Fakete & Karádi, 1989, p.111).

REFERÊNCIAS BIBLIOGRÁFICAS

Obras de Lukács

LUKÁCS, G. *Probleme des Realismus*. Neuwied: Luchterhand, 1964.

_____. *Die Seele und die Formen*. Neuwied: Luchterhand, 1971a.

_____. *Geschichte und Klassenbewußtsein*. Darmstadt: Luchterhand, 1971b.

_____. *Essays über Realismus*. Neuwied: Luchterhand, 1971c.

_____. Zur Theorie der Literaturgeschichte. *Text + Kritik (München)* n.39/40, 1973a.

_____. *Ästhetik I*. In vier Teilen. Darmstadt: Luchterhand, 1973b.

_____. *Heidelberger Philosophie der Kunst (1912-1914)*. Darmstadt: Luchterhand, 1974.

_____. *Heidelberger Ästhetik (1916-1918)*. Darmstadt: Luchterhand, 1975a.

_____. *Taktik und Ethik. Politische Aufsätze I (1918-1920)*. Darmstadt: Luchterhand, 1975b.

_____. *Entwicklungsgeschichte des modernen Dramas*. Darmstadt: Luchterhand, 1981a.

_____. Wilhelm Dilthey (1911). In: _____. *Sulla povertá di spirito. Scritti (1907-1918)*. Org. P. Pullega. Bologna: Il Mulino, 1981b.

LUKÁCS, G. *Gelebtes Denken*. Frankfurt aM: Suhrkamp, 1981c.

154 CARLOS EDUARDO JORDÃO MACHADO

LUKÁCS, G. Misticismo ebraico. In: *Sulla povertà di spirito. Scritti (1907-1918)*. Bologna: Il Mulino, 1981d.

_____. *Briefwechsel 1902-1917*. Org. Éva Karádi e Éva Fekete. Stuttgart: Metzler, 1982.

_____. *Dostojewski. Notizen und Entwürfe*. Org. J. C. Nyíri. Budapest: Lukács-Archiv, 1985.

_____. Von der Armut am Geiste. Ein Gespräch und ein Brief. *Neue Blätter* II, 5-6. Republicado em *Arbeitspapier 1990-1995*. Paderborn: Lukács Institut für Sozialwissenschaft, 1990.

_____. *Tagebuch 1910/1911*. Berlin, 1991.

_____. *Theorie des Romans. Ein Geschichtsphilosophischer Versuch über die Formen der grossen Epik*. München: Dtv, 1994.

_____. Ästhetische Kultur (1912). Trad. Alemã de Julia Bendl. In: *Lukács 1996. Jahrbuch der Internationalen Georg-Lukács-Gesellschaft*. Bern: Peter Lang Verlag, 1997.

_____. Das Problem des untragisches Drama. *Schaubühne*, VII (1911), S. 231-34. Republicado in *Lukács 1997. Jahrbuch der Internationalen Georg-Lukács-Gesellschaft*. Bern: Peter Lang, 1998. p.13-6.

Bibliografia geral

ADORNO, T. *Ästhetische Theorie*. Frankfurt aM: Suhrkamp, 1970.

_____. *Kierkegaard. Konstruktion des Ästhetischen*. Frankfurt aM: Suhrkamp, 1974.

_____. *Noten zur Literatur*. Frankfurt aM: Suhrkamp, 1981.

_____. *Minima Moralia*. Frankfurt aM: Suhrkamp, 1985.

ARANTES, P. E. *Um departamento francês de ultramar*. Estudos sobre a formação da cultura filosófica uspiana (uma experiência dos anos 60). São Paulo: Paz e Terra, 1994.

_____. *O fio da meada*. Uma conversa e quatro entrevistas sobre filosofia e vida nacional. São Paulo: Paz e Terra, 1996a.

_____. *Ressentimento da dialética*. Dialética e experiência em Hegel. Antigos estudos sobre o ABC da miséria alemã. São Paulo: Paz e Terra, 1996b.

AUERBACH, E. *Mimesis*. Dargestellte Wirklichkeit in der abendländischen Literatur. Bern: Francke, 1988.

AUERBACH, E. *Mimesis*. São Paulo: Perspectiva, 1998.

BAKHTIN, M. *Probleme der Poetik Dostojewskijs*. München, 1971.

BEHLER, E., HÖRISCH, J. (Org.) *Die Aktualität der Frühromantik*. Panderborn, 1987.

BENDL, J., TIMAR, A. (Org.) *Der junge Lukács im Spiegel der Kritik*. Budapest: Lukács-Archiv, 1988.

BENJAMIN, W. Der Begriff der Kunstkritik in der deutschen Romantik. In: _____. *Gesammelte Schriften*. Frankfurt aM: Suhrkamp, 1980a. B. I-1.

_____. Ursprung des deutschen Trauerspiels. In: _____. *Gesammelte Schriften*. Frankfurt aM: Suhrkamp, 1980b. B.I-1.

_____. *Der Idiot* von Dostojeswkij. In: _____. *Gesammelte Schriften*. Frankfurt aM: Suhrkamp, 1980c. Band II-1.

_____. Das Kunstwerk in Zeitalter seiner technishen Reproduktierbarkeit. In: *Gesammelte Schriften*. Frankfurt aM: Suhrkamp, 1980d. B. 1-2, p.431-70.

_____. *Das Passagen-Werk*. Frankfurt aM: Suhrkamp, 1983.

BENSELER, F., JUNG. W. (Org.) *Lukács 1996. Jahrbuch der Internationalen Georg Lukács-Gesellschaft*. Bern: Peter Lang, 1997. p.51-78.

BERNSTEIN, J. M. *The Philosophy of the Novel. Lukács, Marxism and the Dialectics of Form*. Minneapolis, 1984.

BIRUS, H. (Org.) *Hermeneutische Positionen. Schleiermacher-Dilthey-Heidegger-Gadamer*. Göttingen, 1982.

BOHRER, K.-H. Die dezisionistische Struktur und Avantgardismus. In: *Die Ästhetik des Schreckens*. München, 1978.

_____. *Die Kritik der Romantik. Der Verdacht der Philosophie gegen die literarische Moderne*. Frankfurt aM: Suhrkamp, 1989.

BLOCH, E. *Vom Hasard zur Katastrophe. Politische Aufzätze aus den Jahren 1934-1939*. Franfurt aM: Suhrkamp, 1972.

_____. *Briefe. 1903-1975*. Frankfurt aM: Suhrkamp, 1985a.

_____. *Kampf, nicht Krieg. Politische Schriften 1917-1919*. Org. M. Korol. Frankfurt aM: Suhrkamp, 1985b.

_____. *Politische Messungen, Pestzeit, Vormärz*. Frankfurt aM: Suhrkamp, 1985c.

BLUMENBERG, H. *Arbeit am Mythos*. Frankfurt aM: Suhrkamp, 1990.

156 CARLOS EDUARDO JORDÃO MACHADO

BOLZ, N. *Auszug aus der entzauberten Welt. Philosophischer Extremismus zwischen den Weltkriegen.* München, 1991.

BUBER, M. *Ekstatische Konfessionen.* Heidelberg, 1984.

BUBNER, R. *Ästhetische Erfahrung.* Frankfurt aM: Suhrkamp, 1989.

BÜRGER, C. (Org.) *Zerstörung, Rettung des Mythos durch Licht.* Frankfurt aM: Suhrkamp, 1986.

_____. Zwischen Werk und Nicht-Werk. In: _____. (Org.) *Literatur und Leben. Stationen weiblichen Schreibens im 20. Jahrhundert.* Stuttgart, 1996.

BÜRGER, P. *Zur Kritik der idealistischen Ästhetik.* Frankfurt aM: Suhrkamp, 1983.

_____. *Das Denken des Herrn. Essays.* Frankfurt aM: Suhrkamp, 1992.

_____. *Die Tränen des Odysseus.* Frankfurt aM: Suhrkamp, 1993.

_____. Carl Schmitt oder der Fundierung der Politik auf Ästhetik. In: BÜRGER, C. (Org.) *Literatur und Leben. Sationen weiblichen Schreibens im 20. Jahrhundert.* Stuttgart, 1996.

BÜRGER, P., BÜRGER, C. *Prosa der Moderne.* Frankfurt aM: Suhrkamp, 1988.

BUTSCHER, J. *"Ethik" und "Metaphysik". Eine diskurshermeneutische Studie zu Text und Kontext der Philosophie von Georg Lukács.* (Diss). Leipzig, 1991.

DAHME, H. J., RAMMSTEDT. (Org.) *Georg Simmel und die Moderne.* Frankfurt aM: Suhrkamp, 1984.

DANNEMANN, R. (Org.) *Georg Lukács. Jenseits der Polemiken. Beiträge zur Rekonstruktion seiner Philosophie.* Frankfurt aM: Sendler, 1986.

_____. *Das Prinzip Verdinglichung. Studie zur Philosophie Georg Lukács.* Frankfurt aM: Sendler, 1987.

DE SIMONE, A. *Lukács e Simmel. Il disincanto della modernità e le antinomie della Ragione dialettica.* Lecce: Milella, 1985.

DILTHEY, W. *Das Erlebnis und die Dichtung.* Leipzig, 1991.

_____. *Der Aufbau der geschichtlichen Welt in den Geisteswissenschften.* Frankfurt aM: Suhrkamp, 1993.

DOSTOIÉVSKI, F. *Der Idiot.* München: Dtv, 1976.

_____. *Schuld und Sühne.* Frankfurt aM: Insel, 1982.

DOSTOIÉVSKI, F. *Die Dämonen*. München: Piper, 1985.

————. *Die Brüder Karamasoff*. München: Piper, 1990.

ECKHART, M. *Deutsche Predigten und Traktate*. Org. Ü. von Josef Quint. München: Diogenes, 1963.

FEHÉR, F. Am Scheideweg des romantischen Antikapitalismus. Typologie und Beitrag zur deutschen Ideologiegeschischte gelegentlich des Briefwechsels zwischen Paul Ernst und Georg Lukács. In: HELLER, A. *Die Seele und das Leben*. Frankfurt aM: Suhrkamp, 1977a. p.241-327.

————. Die Geschichtsphilosophie des Dramas, die Metaphysik der Tragodie und die Utopie des untragischen Dramas. Scheidewege der Dramentheorie des jungen Lukács. In: ————. *Die Seele und das Leben*, Frankfurt aM: Suhrkamp, 1977b. p.7-53.

FEHÉR, I. Heidegger und Lukács. Überlegung zu L. Goldmanns Untersuchungen aus der Sicht der heutigen Forschung. In: *Doxa*. Budapest, 1989. B. 17, S. 157-87.

FEKET, E., KARADI, E. *Georg Lukács: sein Leben in Bildern, Selbstzeugnissen und Dokumenten*. Suttgart: Metzler, 1981.

FICHTE, J. G. *Die Wissenschaftslehre. Zweiter Vortrag im Jahre 1804*. Hamburg, 1977.

————. *Versuch einer neuen Darstellung der Wissenschaftslehre (1797/8)*. Hamburg, 1984.

FLAUBERT, G. *Die Erziehung des Herzens*. Zürich, 1979.

FUES, W. M. *Mystik als Erkenntnis? Kritische Studien zur Meister-Eckhart-Forschung*. (Diss) Bonn, 1981.

GADAMER, H.-G. *Wahrheit und Methode*. Tübingen, 1975.

GOLDMANN, L. *Kierkegaard vivant*. Paris: Gallimard, 1966.

————. Georg Lukács: Der Essayist. In: MATZNER, J. (Org.) *Lehrstück Lukács*. Frankfurt aM: Suhrkamp, 1974.

GOETHE, J. W. *Dichtung und Wahrheit*. Frankfurt aM: Suhrkamp, 1975.

GRAUER, M. *Die entzauberte Welt. Tragik und Dialektik der Moderne im frühen Werk von Georg Lukács*. Königstein, 1985.

HABERMAS, J. Carl Schmitt in der politischen Gestesgeschichte der Bundesrepublik. In: *Die Normalität einer Berliner Republik*. Frankfurt aM: Suhrkamp, 1995.

158 CARLOS EDUARDO JORDÃO MACHADO

HEBBEL, F. Judith. In: *Werke*. Wiesbaden, s. d. B. I.

HEGEL, G. W. F. Ästhetik. In: *Werke*. Frankfurt aM: Suhrkamp, 1970. B. 13-15.

HEGEL, G. W. F. *Vorlesung über die Geschichte der Philosophie*. Frankfurt: Suhrkamp, 1971. B. III.

_____. Phänomenologie des Geistes. In: *Werke*, Frankfurt aM: Suhrkamp, 1982a. B. 3.

_____. Differenz des Fichteschen und Schellingschen Systems der Philosophie (1801). In: *Werke*. Frankfurt aM: Suhrkamp, 1982b. B. 2.

_____. *Grundlinien der Philosophie des Rechts*. Frankfurt aM: Suhrkamp, 1986.

HELLER, A. Von der Armut am Geiste. Ein Dialog des jungen Lukács. In: MATZNER, J. (Org.) *Lehrstück Lukács*. Frankfurt aM: Suhrkamp, 1974.

_____. Das Zerschellen des Lebens an der Form: György Lukács und Irma Seidler. In: HELLER, A. et al. *Die Seele und das Leben*. Frankfurt aM: Suhrkamp, 1977a. S. 54-98.

HELLER, A. et al. *Die Seele und das Leben*. Frankfurt aM: Suhrkamp, 1977b.

HOHENDAHL, P.-U. Neo-romantischer Antikapitalismus. Georg Lukács Suche nach authentischer Kultur. In: *Geschichtlichkeit und Aktualität*. Tübingen, 1988.

HOLZ, H. H. Der Hintergrund: Philosophie im Zeitalter des deutschen Expressionismus. In: *Philosophie der zersplitterten Welt. Reflexionen über Walter Benjamin*. Bonn, 1992.

HORKHEIMER, M., ADORNO, T. W. *Dialektik der Aufklärung. Philosophische Fragmente*. Frankfurt aM: Suhrkamp, 1971.

_____. *Dialética do esclarecimento*. Trad. Guido Antonio Almeida. Rio de Janeiro: Zahar, 1985.

JACOBSEN, J.-P. *Niels Lyhne*. Zürich: Manesse, 1956.

JUNG, W. *Wandlungen einer ästhetischen Theorie – Georg Lukács' Werke 1907 bis 1923*. Köln, 1981.

KARADI, E., VEZER, E. (Org.) *Georg Lukács, Karl Mannheim und der Sonntagskreis*. Frankfurt aM: Sendler, 1985.

KANT, I. *Kritik der Urteilskraft*. Frankfurt aM: Suhrkamp, 1990.

KELLER, E. *Der junge Lukács. Antibürger und wesentliches Leben. Literatur- und Kulturkritik 1902-1915*. (Diss.) Frankfurt aM, 1984.

AS FORMAS E A VIDA **159**

KIERKEGAARD, S. *Die Krankheit zum Tode und anderes.* München: Dtv, 1976.

_____. *Einübung im Christentum und anderes.* München: Gütersloher,1977.

_____. *Furcht und Zittern.* Frankfurt aM: Europäische Verlagsanstalt, 1992.

_____. Das Tagebuch des Verführers. In: *Entweder-Oder.* München: Dtv, 1993.

_____. Stadien auf des Lebens Weg. Hannover: Güterloher, 1994.

KLAUS, P. *Romantikforschung seit 1945.* Königstein, 1980.

KRACAUER, S. *Der Detektiv-Roman. Ein philosophischer Traktat.* Frankfurt aM: Suhrkamp, 1979.

KRAUS, K. *Aphorismen.* Frankfurt aM: Suhrkamp, 1986.

KROCKOW, C. G. v. *Die Entscheidung. Eine Untersuchung über Ernst Jünger, Carl Schmitt, Martin Heidegger (1958).* Frankfurt aM: Suhrkamp, 1990.

KRUSE-FISCHER, U. *Verzehrter Romantik. Georg Lukács' Kunstphilosophie der Essayisten Periode (1908-1911).* Stuttgart, 1991.

KUTZBACH, K. A. (Org.) *Paul Ernst und Georg Lukács. Dokumente einer Freundschaft.* Düsseldorf, 1974.

LÖWENTHAL, L. *Literatur und Massenkultur.* Frankfurt aM: Suhrkamp, 1990.

LÖWITH, K. Der okkasionelle Dezisionismus von C. Schmitt. In: *Gesammelte Abhandlungen.* Stuttgart, 1960a.

_____. Martin Heidegger und Franz Rosenzweig, or Temporarity and Eternity. In: _____. *Gesammelte Abhandlungen.* Stuttgart, 1960b.

LÖWY, M. *Pour une sociologie des intellectuels révolutionnaires. L'évolution politique de Lukács (1909-1929).* Paris: Gallimard, 1976.

_____. (Org.) *György Lukács. Littérature, philosophie, marxisme (1922-1923).* Paris: PUF, 1978.

_____. Utopie ou réconciliation avec la réalité. Le écrits littéraire de Lukács en 1922-23. In: RAULET, G., FÜRNKAS, J. (Org.) *Weimar. Le Tournant esthétique.* Paris: Anthropus, 1988.

LÖWY, M. et al. (Org.) *Verdinglichung und Utopie. Ernst Bloch und Georg Lukács zum 100. Geburstag.* Beiträge des Internationalen Kolloquiums in Paris, März 1985. Frankfurt aM: Sendler, 1987.

160 CARLOS EDUARDO JORDÃO MACHADO

LUBLINSKI, S. *Die Bilanz der Moderne*. Tübigen, 1974.

LUCKHARDT, U. *Aus dem Tempel der Sehnsucht. Georg Simmel und Georg Lukács*: Wege in und aus der Moderne. Butzbach-Griedel, 1994.

MACHADO, C. E. J. *Um capítulo da história da modernidade estética*: O debate sobre o expressionismo. Lukács, Bloch, Brecht, Benjamin e Adorno. São Paulo, 1991. Dissertação (Mestrado) – Faculdade de Filosofia, Letras e Ciências Humanas, Universidade de São Paulo.

_____. Exposé: Die Formen und das Leben. In: BENSELER, F., JUNG, W. *Jahrbuch der Georg-Lukács Gesellschaft 1996*. Bern: Peter Lang, 1997. p.51-77.

_____. *Um capítulo da história da modernidade estética*: O debate sobre o expressionismo. Lukács, Bloch, Brecht, Benjamin e Adorno. São Paulo: Editora UNESP, 1998a.

_____. Die 'zweite' Ethik als Gestaltungsapriori einer neven Epos. In: BENSELER, F., JUNG, W. *Jahrbuch der Georg-Lukács Gesellschaft 1997*. Bern: Peter Lang, 1988b. p.73-116.

MARKUS, G. Posfácio a *Heidelberger Ästhetik*. Darmstadt: Luchterhand, 1975. p.253-78.

_____. Die Seele und das Leben. Der junge Lukács und das Problem der "Kultur". In: HELLER, A. et al. *Die Seele und das Leben*. Frankfurt aM: Suhrkamp, 1977a. p.99-130.

_____. Lukács' 'erste' Ästhetik: Zur Entwicklungsgeschichte der Philosophie des jungen Lukács. In: *Die Seele und die Formen*. Frankfurt aM: Suhrkamp, 1977b. p.192-240.

MANN, T. *Doktor Faustus*. Stockholm: Bemann-Fischer, 1948.

_____. *Betrachtung eines Unpolitischen*. Frankfurt, 1993.

MARX, K. *Gesammelte Schriften von K. Marx und F. Engels 1841 bis 1850*. Stuttgard, 1913.

MATZNER, J. (Org.) *Lehrstück Lukács*. Frankfurt aM: Suhrkamp, 1974.

MENASSE, R. *Selige Zeiten, brüchige Welt*. Frankfurt aM: Suhrkamp, 1994.

MONTAIGNE, M. *Essais*. Paris: Gallimard, 1965.

MOSES, S. *Système et Révelation*. Paris: Gallimard, 1982.

_____. *Spuren der Schrift. Von Goethe bis Celan*. Frankfurt aM: Suhrkamp, 1987.

MUSIL, R. *Der Mann ohne Eigenschaften.* Hamburg, 1970.

NEGT, O. Ernst Bloch – der deutschen Philosoph der Oktoberrevolution. In: BLOCH, E. *Vom Hasard zur Katastrophe. Politische Aufsätze aus den Jahren 1934-1939.* Frankfurt aM: Suhrkamp Verlag, 1972.

NOVALIS. *Werke, Tagebücher und Briefe Friedrich von Hardenbergs in 2 Bänden.* München, 1978.

OELMÜLLER, W. (Org.) *Kolloquium Kunst und Philosophie 1-3.* Paderborn, 1981-1983.

POPPER, L. *Schwere und Abstraktion,* Berlin, 1987.

POPPER, L., LUKÁCS, G. *Dialog über die Kunst. Schriften von Leo Popper und Georg Lukács in Briefwechsel.* Budapest: Lukács-Archiv, 1993.

PUHOVSKI, N. C. Lukács in Heidelberg. In: FLEGO, G. et al. (Org.) *Georg Lukács – Ersehnte Totalität.* Bloch-Lukács-Symposiums 1985 in Dubrovnik. Bochum, 1986. p.61-8.

PULLEGA, P. Dai giardini di marzo als maggio operaio. L'espressionismo del giovane Lukács. In: LUKÁCS, G. *Sulla poverta di spirito. Scritti (1907-1918).* Bologna: Capelli, 1981.

RAHEL-FREUND, E. *Franz Rosenzweig's Philosophy of Existence.* The Hague, 1979.

ROCHLITZ, R. *Le jeune Lukács. Théorie de la forme et philosophie de l'histoire.* Paris: Gallimard, 1983.

ROSA, A. A. Der junge Lukács – Theoretiker der bürgerlichen Kunst. In: MATZNER, J. (Org.) *Lehrstück Lukács.* Frankfurt aM: Suhrkamp, 1974.

ROSENZWEIG, F. *Der Stern der Erlösung.* Frankfurt aM, 1993.

SAUERLAND, K. *Diltheys Erlebnisbegriff.* Berlin, 1972.

SAVINKOV, B. (ROPSCHIN) *Als wäre es nie gewesen.* Frankfurt aM: Rütten & Loening, 1913.

_____. *Erinnerung eines Terroristen.* Nördlingen, 1985.

SCHEIBLE, H. *Wahrheit und Subjekt. Ästhetik im bürgerlichen Zeitalter.* Hamburg: Rowolt, 1988.

SCHELLING, F. W. J. *System des transzendentalen Idealismus.* Hamburg, 1992.

162 CARLOS EDUARDO JORDÃO MACHADO

SCHESTOW, L. *Spekulation und Offenbarung. Essay und kritische Betrachtungen.* Hamburg, 1963.

SCHLEGEL, F. *Kritische Schriften und Fragmente, Studienausgabe in 6 Bände.* Paderborn, 1988.

SCHLEIERMACHER, F. D. E. *Hermeneutik und Kritik.* Introd e org. de Manfred Frank. Frankfurt aM: Suhrkamp, 1990.

SCHMITT, C. *Politische Theologie.* Berlin: Duncker & Humblot, 1990.

_____. *Der Begriff des Politischen.* Berlin: Duncker & Humblot, 1991.

SCHNÄDELBACH, H. *Philosophie in Deutschland 1831-1933.* Frankfurt aM: Suhrkamp, 1989.

SCHWARZ, R. *Um mestre na periferia do capitalismo. Machado de Assis.* São Paulo: Duas Cidades, 1990.

SIMMEL, G. *Philosophische Kultur.* Berlin, 1986.

_____. *Philosophie des Geldes.* Frankfurt aM: Suhrkamp, 1989.

_____. *Das Individuum und die Freiheit.* Frankfurt aM: Suhrkamp, 1993.

STRAUSFELD, M. *Brasilianische Literatur.* Frankfurt aM: Suhrkamp, 1984.

SZILASI, W. Das logisch Nackte. Bemerkungen zu einem Grundbegriff des Philosophen Emil Lask. In: *Natur und Geschichte. Karl Löwith zum 70. Geburtstag.* Mainz, 1967.

SUSMANN, M. Die Seele und die Formen. In: *"Das Nah-und Fernsein des Fremden". Essay und Briefe.* Frankfurt aM: Suhrkamp, 1992.

SZONDI, P. *Poetik und Geschichtsphilosophie I-II.* Frankfurt aM: Suhrkamp, 1974.

_____. *Einführung in die literarische Hermeneutik.* Frankfurt aM: Suhrkamp, 1988.

_____. *Theorie des modernen Dramas.* Frankfurt aM: Suhrkamp, 1992.

TERTULIAN, N. *Georges Lukács. Étapes de sa pensée esthétique.* Paris, Gallimard, 1980.

_____. Le grand projet lukacsien de l'Ethique. *Actuel Marx.* Paris, 1991.

THOLEN, T. *Katholische Verschärfung: Zur politischen Philosophie Carl Schmitts.* Frankfurt aM, 6/1993 (Mimeogr.).

WEBER, M. Die protestantische Ethik und der Geist des Kapitalismus. In: *Gesammelte Aufsätze zur Religionssoziologie I*. Tübigen, 1988.

WEISSER, E. Georg Lukács unds die Heidelberger Hegelrenaissance. *Hegel-Studien (Bonn)*, n.25, p.204-14, 1990.

_____. *Georg Lukács' Heidelberger Kunstphilosophie*. Berlin, 1992.

WITSCHEL, G. *Ethische Probleme der Philosophie von Georg Lukács. Elemente einer nichtgeschriebenen Ethik*. Bonn, 1981.

ANEXOS

TEXTOS DO JOVEM LUKÁCS

O PROBLEMA DO DRAMA NÃO-TRÁGICO (1911)[1]

Georg Lukács

Espíritos profundos têm formulado freqüentemente a questão: são realmente o indivíduo trágico e o destino trágico (como postulados necessários, pensados até o fim, da forma dramática pura) pontos culminantes do ser humano? É verdade que possuem ainda valor e significação para as pessoas que chegaram inteiramente à consciência da obscuridade e da fúria dos instintos? Platão já havia reconhecido a não-dramaticidade do indivíduo sublime, do sábio, e extraiu disso uma inteira gama de conseqüências, já que o drama não tem nada a ver com a melhor parte da alma.

Hoje essas vozes ecoam de todos os lados, e estranhamente são os poetas os mais ruidosos. Entram em cena um após o outro Maeterlinck, Shaw e Dehmel para expressar clara e abertamente isso; pois são poetas que se sentem mudados (*hingezogen*) em relação ao dra-

---

1 "Das Problem des untragischen Dramas" in Benseler & Jung. *Lukács 1997. Jahrbuch der Internationalen Georg-Lukács-Gesellschaft*. Bern: Peter Lang, 1998, p.13-6. Publicado pela primeira vez in *Die Schaubühne*, Jahrgang 7 Nr. 9 de 2.3.1911, p.253-5. Tradução do alemão de Carlos Eduardo Jordão Machado, cotejada com a tradução italiana (trad. Michele Cometa) *Scritti sul romance*. Bologna: Il Mulino, 1982, p.61-6.

168 CARLOS EDUARDO JORDÃO MACHADO

ma, mas que também não querem abdicar de sua forma. Na sua luta contra o ideal trágico de vida não querem extirpar o drama, como Platão, mas pretendem antes de tudo elevá-lo: erguê-lo até as alturas luminosas da humanidade tornada livre do destino cego; querem salvá-lo por meio da aniquilação do trágico.

Maeterlinck foi quem falou de modo mais claro e preciso sobre isso. Disse: é certo que a sabedoria nunca entra em cena na tragédia; mas se um sábio tivesse se instalado nas escadarias daquele salão, transformando-se em testemunha da ira cega e sanguinária de Édipo ou dos heróis de Orestes, teria então com sua mera presença (*Da-Sein*) desencorajado e afugentado aquele destino medonho. As comédias de Bernard Shaw configuram sempre um tal personagem, e mais claramente em *César e Cleópatra*; mas justamente aqui se revela a precariedade e o caráter não-artístico dessa visão. Eles afirmam: as situações trágicas existem apenas aparentemente – e justamente aqui surge o novo homem, o não-trágico – e a sua aparição transforma as cores dos acontecimentos, invertendo de imediato, como se fosse um milagre, a direção e o curso do destino.

Na vida isso pode certamente acontecer: mas para a forma dramática essa virada súbita da situação nada mais é do que uma rude empiria da vida. Se esta é transposta no drama tal como é, por exemplo, em Shaw, faz da reviravolta do destino que salta do profundo uma *pointe*; algo meramente chistoso; os personagens tendencialmente voltados para o trágico tornam-se loucos e, com isso, o sábio e sua vitória sobre o destino transformam-se em algo barato e sem valor. Na vida ele pode traçar uma perceptível linha do destino que vai do trágico ao não trágico: o drama deve ser desde a primeira palavra e do primeiro gesto trágico ou não-trágico. A atmosfera de cada drama singular é, tanto positiva como negativamente, o elemento vital de todos os seus conteúdos; o que é trágico não pode tornar-se não-trágico; um indivíduo trágico sofreria uma asfixia letal se respirasse por um instante a atmosfera do não-trágico, é como se atirasse um indivíduo no mar que terminasse como um peixe fora d'água. Todo sábio de Maeterlinck seria, portanto, se aparecesse na Oréstia efeti-

AS FORMAS E A VIDA **169**

vamente, um louco, um mero filisteu, do mesmo modo como as figuras trágicas em Shaw gesticulam como loucas.

Existe de certo uma poesia dramática não-trágica; só que não é uma superação do trágico no interior de sua própria esfera, mas sua ampliação. Todo o drama indiano pertence a esse gênero; as últimas encenações dos gregos se aproximam dela energicamente; as suas formas mais interessantes, no entanto, se encontram no final da evolução de Shakespeare e de sua época. No período de *A tempestade*, de Beaumont-Fletchers e de Ford, na época da *"romança"* [*Romance*]. Hoje a nostalgia de muitos dos melhores se dirige para esse ideal.

Trata-se da aproximação do drama ao conto de fada (*Märchen*). No conto de fada tudo termina bem – dessa forma tomamos em consideração apenas o seu êxito não-trágico – na *"romança"* (com esse termo quero caracterizar aqui o drama não-trágico)[2] o destino é superado. O conto de fada apresenta uma metafísica tornada decorativa da época de ouro: provém de uma esfera ultradivina, muito acima da arte e da possibilidade de expressão artística; tornou-se profana e mundana para alcançar a beleza; trouxe à tona as estruturas mais profundas da vida (irrepresentáveis artisticamente), e justamente porque suas origens são as mais profundas, tornou-se ele mesmo superficial. O conto de fada, como forma acabada, é antimetafísica *par*

---

2   O termo utilizado por Lukács não é em alemão *der Roman*, isto é, o romance como tal; a palavra é feminina, *die Romance*. Historicamente é a forma narrativa que se opõe a *novel*, por exemplo, a forma teatral dos últimos dramas de Shakespeare, conforme Lukács esclarece no ensaio do mesmo ano, escrito em húngaro, "Estética da romança. Tentativa de fundamentação metafísica da forma do drama não-trágico" – reeditado em *Ifjukori müvek*. Magveto, Budapest, 1977, p.784-806 (Deste ensaio há somente a trad. italiana, ed. cit., p.89-116). Manter este *Fremdwort* do alemão, "Romance", no português só geraria confusão, o correto é *"romança"*. Em português a palavra *"romança"* é também feminina e originada do italiano *romanza*, isto é, uma narrativa de feitos históricos ou de aventuras galantes, mais ou menos fantasiosas. Nota-se a aproximação do drama não-trágico ao conto de fada (*Märchen*) feita por Lukács para melhor entender o específico da *romança* como forma do drama. É este artigo do jovem Lukács que Walter Benjamin tem como ponto de apoio para indicar o novo da forma do drama não-trágico em Brecht – o *teatro épico*. (N. T.).

excellence, superficial, meramente decorativa. A união do drama ao conto de fada leva-o novamente – de um modo mais consciente, mais filosófico e menos religioso – à metafísica: da vida fatual brota aqui uma nova necessidade, do destino de conto de fada nasce uma vivência de destino, os poderes do conto de fada se tornam destinos vivos e o ser vegetativo extraditado (*pflanzenhaften Ausgeliefertsein*) de poderes transcendentes se transforma no gesto vivo resignado, mas dominante e insuperável do sábio.

No conto de fada tudo torna-se exterior e superficial: as figuras não são indivíduos, mas possibilidades meramente decorativas de gestos de marionetes. Por meio da necessidade formal do drama nasce, não mais tênues personagens superficiais configurados, mas antes como conseqüência técnica, o "aprofundamento" (*Vertiefung*); a profundidade espacial, o nascimento de uma terceira dimensão causam um aprofundamento do espírito (que se pense como um crescimento: um conto de fada oriental – "Péricles" – "A tempestade"). O conto de fada pode permanecer sendo uma bela superfície, pois seus personagens são figurantes ao lado dos acontecimentos, mas não os vivenciam; a "*romança*", ao contrário, cria os personagens e devem por isso possuir uma psicologia e uma cosmologia. O princípio mais importante de configuração de seu mundo é a labilidade das fronteiras que limitam o eu, que o mantém separado dos outros e do mundo; a psicologia da "*romança*" fala sempre de ruptura do eu [*Duchbrechung des Ichs*].

Se entra em cena a idéia de reencarnação dos indianos, ou aquele mais raro das paixões tornadas duendes [*Kobolden*] como aprazia a Shakespeare ou se ainda há outras possibilidades não pode ser discutido aqui. O que é importante é que os homens perderam por toda parte a firmeza estatutária e a coerência interior dos personagens trágicos, e que canais visíveis e invisíveis deixam fluir os seus conteúdos um contra o outro e no mundo que o circunda. Isso já ocorre na ação num conto de fadas: a linha do destino do conto de fadas se faz por curvas bruscas e estreitas, que sua vivência nos homens atuantes pode fazer ir pelos ares o lábil centro que configuram. Portanto, para

AS FORMAS E A VIDA **171**

obter uma unidade da obra, essa impossibilidade, a desaparição das fronteiras, deve se tornar em *principium stilisationis*.

Aqui se separa mais nitidamente a imagem de mundo da *"romança"* daquela da tragédia. Ambos abarcam o mundo inteiro e instauram a divindade como instância mais elevada em sua luta. Mas o deus da tragédia permanece puramente transcendental. Apenas homens e seus destinos tornam-se visíveis; o deus é apenas o fundamento último dos acontecimentos; o mundo da *"romança"* é de tipo panteísta; divindade e destino, homem e natureza aglomeram-se em uma nova massa fluente e luminosa que contém em todo momento aquele princípio deste mundo.

Do ponto de vista do drama, a coisa mais importante é a diferenciada concepção e configuração das paixões. Pretendo resumir o mais brevemente possível: a paixão do personagem trágico é uma flama que queima sua vida para que sua alma se dirija imaculada e purificada para o céu de sua pura egoidade [*Selbstheit*]; a paixão na *"romança"* é algo obscuro, é uma inundação que ameaça afogar os seus heróis. Uma vem de dentro e a outra, de fora; o preservar-se do herói é aqui um expor-se pessoalmente, na outra apenas a possibilidade de colocar-se à prova; numa o herói quer o próprio destino, que lhe vence e lhe prende; numa ele luta com o destino, noutra contra o destino; numa o herói chega a si por meio das paixões, noutra apesar das paixões; numa é a intensificação, noutra uma cisão do eu o momento psicológico (que se comparem simplesmente Otelo e Leontes). Assim existe uma maior proximidade da vida do que na tragédia, uma grande beleza e, ao mesmo tempo, um grande perigo para a *"romança"*.

A tragédia racionalizou as paixões, deu a elas o sentido metafísico do único caminho para a egoidade; na *"romança"* as paixões não possuem nenhum significado que lhe transcende, elas devem alcançar por força própria ou por meio da graça divina sua salvação (*Erlösung*), a forma que lhe redima. O drama indiano e aquele católico de Calderón faziam intervir a providência diretamente na vida e tentavam obter algo acabado em si, reconduzindo o drama à forma alegórica do *Mysterienspiel*. Shakespeare e o drama posterior perderam já esse pano de fundo teológico, não podem mais encontrar no homem nenhuma força redentora; não podem elevar esse drama a nenhuma forma absoluta. A única possibilidade que encontraram foi a figura do sábio; mas essa solução não é a única e tampouco a mais elevada. O drama não-trágico é uma forma democrática; não cria nenhuma casta entre os homens como a tragédia; a sua forma mais pura deveria reunir todas as essências do homem, sem heróis, mas também sem sábios, para encontrar o caminho para a completude da vida, para a completude da forma. Esta tarefa – o mistério sem teologia, por assim dizer – permanece sendo até agora um problema e uma tarefa.

DA POBREZA DE ESPÍRITO.
UM DIÁLOGO E UMA CARTA (1912)[1]

Georg Lukács

O senhor tem razão. Estive com seu filho dois dias antes de sua morte. Quando retornei à minha casa – como o senhor sabe, fiz uma pequena viagem para me restabelecer de meus nervos depois do suicídio de minha irmã – encontrei este bilhete dele: "Marta, não espere uma visita minha. Estou bem, e trabalhando. Não sinto necessidade das pessoas. Foi muito atencioso de sua parte avisar-me da sua chegada. Como sempre, você é bondosa. A seus olhos, continuo a ser 'humano'. Mas se ilude com isto". Este bilhete deixou-me inquieta e fui vê-lo no mesmo dia.

Encontrei-o em seu quarto, junto à escrivaninha. Não mostrava um mal aspecto e parecia que tudo o que lhe havia perturbado fisionomicamente e no modo de falar, que lhe causou depois da catástrofe, havia quase que desaparecido por completo. Falava de modo cla-

---

1 "A lelki szegénységröl (Egy levél és párbeszéd)" in *A Szellem, Jg.* 1, Nr.2, 1. Dez. 1911, p.202-14. Em alemão: "Von der Armut am Geiste. Ein Gespräch und ein Brief" in: *Neue Blätter* II, 5-6. 1912. Republicado in *Arbeitspapier 1990-5. Lukács Institut für Sozialwissenschaften* (Paderborn, 1990). Cotejado com as traduções italiana (*Sulla poverta di spirito. Scritti (1907-1918).* Bologna: Capelli, 1981) e inglesa (*On poverty of spirit*, in: *The Lukács reader.* Oxford: Blackwell, 1995). Tradução do alemão de Carlos Eduardo Jordão Machado.

ro e simples, mesmo que um pouco duro. Fiquei com ele por algum tempo e tentarei agora descrever-lhe o essencial de nossa conversa; acredito que isso lhe facilitará compreender melhor as coisas. Na minha memória a sua atitude é algo de atrozmente claro e franco, e o que é misterioso para mim é apenas o fato de não ter podido prevê-lo nem temê-lo, pois fui embora tranqüilizada e com uma boa impressão.

Saudou-me calorosamente e falou bastante de minha viagem a Pisa, ao Campo Santo, da composição do "Juízo final" com tal decisão e profundidade como lhe era costume falar dessas coisas. No entanto, tinha a impressão, da qual agora estou convencida, de que não queria falar de si mesmo; sabia que só poderia falar honestamente comigo, mas não queria. Talvez esteja exagerando; pois sempre interpretamos as coisas em uma direção em que parece ser para nós a mais importante. Recordo que falava da possibilidade da pintura alegórica quando o interrompi com a questão sobre o que achava dos últimos acontecimentos. Respondeu-me, dizendo: "Tudo bem, obrigado". – Calei-me e vi-o calmo e interrogativo. Ele repetiu: "Tudo bem, obrigado". E depois de uma pequena pausa: "Agora há uma luz em mim".

– "Luz?"

Dirigiu-me um olhar penetrante e depois respondeu de modo simples e tranqüilo: "Sim, luz. Sei que sou a causa da morte dela".

Coloquei-me de pé apavorada: "Você? Você sabe, certamente, que..."

– "Vamos deixar isso de lado, Marta. Eu sei naturalmente. Sei agora depois de tudo ter ocorrido e depois de termos sido avisados de tudo que era possível saber. Mas o fato de não saber..."

– "Não poderia saber."

– "Não. Decerto: não poderia saber."

Olhei para ele interrogativamente e surpresa. Ele respondeu-me calmamente: "Tenha um pouco de paciência, Marta, e não me olhe como se eu estivesse louco. Vou tentar lhe explicar tudo. Mas, por favor, sente-se. Você tem apenas uma vaga idéia do que ocorreu entre mim e ela".

AS FORMAS E A VIDA   175

– "Eu sei. Você era seu melhor amigo. Talvez o único. Ela sempre falava nisso. E eu, às vezes ficava maravilhada que essa relação fosse possível. Com certeza, você deve ter sofrido muito."

Sorriu silenciosamente, e disse com um ar de desprezo: "Você me superestima como sempre; e se não? É de fato verdade: aquele sofrimento foi estéril, cego e vão".

Sentia-me um pouco constrangida. "Enquanto isso ... Quem poderia ter ajudado? Quem poderia saber algo? ... E você, porque não sabia algo que ninguém poderia presumir, se reprova de ... não, este contra-senso não quero nem mesmo repeti-lo".

Queria continuar, mas ele lançou-me um olhar tranqüilo e simples; não pude suportar, parei de falar e baixei os olhos.

– "Por que tem tanto medo das palavras, Marta? Sim, sou culpado da morte dela; diante de Deus, naturalmente. Mas segundo as leis da moral humana sou inocente – ao contrário, cumpri escrupulosamente meu dever (pronunciando essa última palavra com grande desprezo). Fiz tudo o que poderia fazer. Havíamos discutido com ela certa vez sobre a possibilidade de ajudar e de querer ajudar e ela sabia que eu não deixaria de fazer nada que ela me pedisse. Mas não quis nada e eu não vi nem escutei nada. Não tinha ouvidos para aquela voz a suplicar ajuda em seu silêncio; conformei-me ao som de suas cartas plenas de alegria de viver. E agora não me diga, por favor, que eu não pude saber nada. Talvez seja verdade – mas eu deveria saber. O seu silêncio teria ressoado longe pelos países que nos separavam, se me fosse dado a graça da bondade (*Güte*). E se eu estivesse aqui? Você acredita, Marta, na perspicácia psicológica? Talvez tivesse me permitido ver dores em sua face, e ouvir um novo sussurro em sua voz. Mas o que isso me teria realmente dito? O conhecimento do coração humano é apenas uma explicação de palavras e signos e quem pode dizer se são verdadeiros ou falsos. E uma coisa é certa: quando interpretamos as coisas, seguimos nossas próprias leis do que permanece para sempre incognoscível para outros. Mas a bondade é graça. Lembre-se de como os pensamentos de outros tornam-se manifestos diante de Francisco de Assis. Ele não os adivinhava, mas tornava-os manifestos. Seu saber transcende signos e explicações: ele é bom, nesses momentos ele era os outros. Espero que você sustente ainda nossa antiga convicção de que o que foi realidade uma vez torna-se sempre possível – o que o homem realizou uma vez, devo querer para sempre como um dever a ser realizado se não quero excluir-me eu mesmo dos outros homens."

– "Mas foi você mesmo que disse: bondade é graça! Como podemos obtê-la? Sua repreensão não é uma blasfêmia apenas porque Deus não realizou um milagre para você?"

– "Você me compreendeu mal, Marta. O milagre já ocorreu e não tenho o direito de querer um outro ou mesmo de me queixar. E não estou a fazê-lo. O que eu disse sobre mim não é uma lamentação, é um juízo. Digo apenas: é de tal índole a minha existência – e não digo que também poderia dizer: mas a renuncio. Trata-se aqui da vida. Se posso viver mesmo sem vida. E freqüentemente o fazemos. Mas deve-se ter a máxima clareza e consciência sobre isso. Certamente, a maior parte dos homens vive sem a vida e sem nunca perceber isso. A vida deles é apenas social e interpessoal. Essas pessoas, veja, podem se contentar com deveres e com a sua realização. De fato, para eles a realização das obrigações é a única possibilidade de alcançar o mais elevado na vida. Porque toda ética é formal: dever é um postulado, uma forma – e quanto mais perfeita é uma forma, tanto mais possui uma vida própria, tanto mais se distancia de toda imediatez. A forma é, portanto, uma ponte que separa; uma ponte na qual vamos e voltamos e chegamos sempre a nós mesmos, sem ter de fato encontrado ninguém. Mas essas pessoas não podem nem sair fora delas mesmas, porque o contato entre elas, no melhor dos casos, é apenas uma explicação dos signos psicológicos, e é apenas a severidade do dever que pode dar à sua vida uma forma necessariamente estável e segura, mesmo se não profunda e íntima. A vida viva está além das formas, a vida ordinária, ao contrário, está aquém das formas e a bondade é a graça: para poder romper as formas."

– "Mas não é esta sua bondade" – perguntei-lhe um pouco preocupada porque temia as conseqüências que poderia extrair dessa teoria –, "essa bondade não é apenas um postulado? Existe uma tal bondade? Eu não creio" – acrescentei pouco depois.

AS FORMAS E A VIDA **177**

– "Você não crê, Marta" – disse com um sorriso tranqüilo – "é você mesma que acaba de romper as formas. Você adivinhou subitamente minha baixeza. Você me viu, como aquele que quer se deixar convencer da inconsistência do próprio pensamento, pois não tenho coragem de remover-me por própria deliberação."

– "E mesmo se isso fosse verdadeiro – juro que tal suspeita se deve apenas à sua tensão nervosa e hipocondríaca – supondo que fosse verdade, tal verdade seria o mais forte argumento contra sua afirmação. Pretendia tranqüilizar-me – mas com qual resultado? Não terei alimentado a sua suspeita, não piorei os seus remorsos?"

– "Por que a bondade deveria se preocupar com as conseqüências? 'Fazer o trabalho, esse é o nosso dever, e não contemplar os seus frutos' – dizem os hindus. A bondade é inútil e sem causa. Porque as conseqüências pertencem ao mundo exterior, ao das forças mecânicas e estranhas a nós e os motivos de nossas ações derivam do simbólico mundo do psicológico, da periferia da alma. A bondade é, no entanto, divina, é metapsicológica. Se se manifesta em nós, então o paraíso tornou-se realidade e é revelada em nós a divindade. Você ainda crê que se a bondade tivesse eficácia na vida teríamos permanecido ainda homens? E que nesse caso poderia subsistir o mundo desta vida impura e sem vida? Não, esse é o nosso limite, o princípio do nosso ser-homem. Lembra-se que lhe disse sempre que somos homens apenas para saber produzir obras, criar obras, porque conseguimos erigir apenas meras ilhas bem-aventuradas em meio à infatigável desaventurança e às correntes impuras da vida. Se a arte pudesse plasmar a vida, se a bondade pudesse tornar-se ação, então seríamos deuses. 'Por que me chamas de bom? Ninguém é bom a não ser Deus' – disse Cristo. Lembre-se de Sônia, do príncipe Mishkin, de Alexei Karamazov entre as figuras de Dostoiévski. Perguntou-me há pouco se há homens da bondade. Bem, hei-los aqui. Veja: mesmo a bondade deles é estéril, gera confusão e é sem conseqüência. Emerge da vida como uma grande e isolada obra de arte – incompreendida e mal-entendida. A quem ajudou o príncipe Mishkin? Não disseminou muito mais tragédias por onde andou? Certamente não era essa sua intenção. As esferas, nas quais vive, estão além do trágico, que é o puramente ético ou o tornar-se puramente cósmico, o príncipe Mishkin está além disso, como também o sacrifício de Abraão de Kierkegaard superou o mundo dos conflitos trágicos e dos heróis: do mundo de Agamenon e seu sacrifício. O príncipe Mishkin e Aliosha são homens da bondade – o que significa isso? Não consigo explicar-lhe de outro modo: o conhecimento deles tornou-se ação, o seu pensamento abandonou o caráter meramente discursivo do conhecimento, a sua visão do homem tornou uma intuição intelectual: são gnósticos da ação. Não há explicação teórica para isso, porque em suas ações toda impossibilidade teórica é materializada na realidade. A bondade é algo como um luminoso conhecimento dos homens que tudo penetra, um conhecimento, no qual objeto e sujeito coincidem: o homem da bondade não interpreta mais a alma do outro, lê nela como na sua própria, transformou-se no outro. Por isso a bondade é o milagre, a graça e a salvação. É o descer do reino do céu na terra, ou se quiser, a verdadeira vida, a vida viva (tanto faz se de baixo para cima ou de cima para baixo). É o abandonar da ética: bondade não é uma categoria ética, não a encontrará em nenhuma ética conseqüente. E com razão. Pois a ética é geral, obrigatória e humanamente distante. A ética é a primeira e a mais primitiva elevação do homem do caos da vida cotidiana; é o distanciar-se de si mesmo, da sua condição empírica. A bondade, ao contrário, é o retorno à verdadeira vida, o verdadeiro retorno do homem ao lar. O que me importa saber qual das duas é chamada de vida! Trata-se apenas de separar ambas as vidas rigorosamente uma da outra."

– "Eu te compreendo, creio; talvez melhor do que você mesmo se compreende. Você deu livre curso à sua sofística para poder criar algo de positivo, algum milagre para poder preencher tudo o que lhe falta. Tanto que admite aqui que nem mesmo a bondade lhe ajudaria em nada..."

Interrompeu-me impetuosamente: "Não! Não disse isso. Disse apenas: a bondade não é nenhuma garantia para um poder ajudar o outro; é, no entanto, a certeza para o absoluto e visionário querer ajudar, ao contrário da oferta obrigatória de uma ajuda nunca reali-

AS FORMAS E A VIDA **179**

zada. Não há garantias! – pois para mim é claro: se a bondade habitasse em mim, e se eu fosse um homem, eu poderia tê-la salvado. Você sabe muito bem quantas vezes tudo depende de uma palavra".

– "Disso sabemos hoje."

– "Um homem, no entanto, também teria sabido na ocasião!"

Não tive coragem de insistir na negação, tendo visto quanto o excitava cada contradição. Calamo-nos por um instante, em seguida comecei a falar novamente: "Vamos pensar em casos concretos. Mesmo para mim agora me importa a questão geral, e para você talvez a sua falta de contradição seja uma questão vital".

– "Tem razão, Marta; no entanto, onde está a contradição?"

– "Temo um pouco ao chamar-lhe a atenção para ela de modo tão brutal.

Você está irritado."

– "Não, fale logo!"

– "Talvez seja difícil defini-la claramente. No fundo sinto uma antipatia moral em relação à sua visão. Não sei nunca diferenciar aqui meu sentimento (você diz sempre, isto é em mim um traço feminino). Mesmo contra os erros do pensamento insurge o meu *moral sense*. Mas o meu sentimento me diz: sua bondade não passa de uma sutil e refinada frivolidade, um presente do êxtase obtido sem luta ou – para você! – uma renúncia barata da vida. Você sabe muito bem da minha aversão à concepção mística como forma de vida – Eckhart tinha também a mesma antipatia. Você sabe decerto como ele interpreta o caso 'Marta e Maria' no sentido prático-ético e ativo-mundano. Percebo duas dificuldades (*Zweieinigkeiten*) na sua concepção da bondade, algo que 'possui seu lugar sobre o mundo, decerto sob Deus, na região antes e sobretudo da eternidade' [*seine Stelle über der Welt, doch unter Gott, am Umkreis erst der Ewigkeit*]. Compartilho talvez de sua opinião, isto é, que essa bondade seja a graça; mas nesse caso é necessário querer o dever e receber a bondade como um presente de Deus, deve-se amar tudo com humilde fervor, o que lhe parece agora tão desprezível; só então pode-se ir além verdadeiramente. Parece-me que você quer aqui saltar sobre as instâncias mais importantes, a meta final (se é uma meta final e é alcançável) sem ter percorrido o caminho. A expectativa da graça é um indulto para tudo, isso é a frivolidade corporificada. Sua frivolidade é, no entanto, mais sutil, mais autotorturante; você é um asceta da frivolidade. Abandona aos outros os prazeres que poderiam derivar desta, inventa uma espécie de homens aos quais compete os prazeres; mas você é um infeliz, isolado da vida, vil. Quer alcançar a tentação eterna, pois assim pode partilhar da eterna luz solar. Decerto como podem ser as palavras conclusivas de um livro, ou um juízo de exaltação ou de danação: saltar as páginas para chegar com isso mais rapidamente ao final, permanecerá sempre uma frivolidade."

– "Você está hoje realmente feminina e obstinada (*eigensinnig*), quer *par tout* me salvar e não se pergunta de modo algum se me encontro em uma situação, da qual deveria me salvar. E sua acusação de frivolidade é falsa e injusta. Insiste em meu modo de exprimir como se não soubesse que durante uma explicação (*Erklären*) é necessário abstrair-se de tudo, isto é tornar consciente e que nisso talvez exagero sempre desnecessariamente. Certamente, a bondade é uma graça, um milagre, não porque esperamo-la de modo ocioso, fanático e frívolo, mas porque é uma necessária solução miraculosa inesperada e não considerada de um paradoxo tenso nos seus extremos. A exigência de Deus em nós é absoluta e irrealizável: romper das formas de compreensão (*Verständigungsformen*) inter-humanas. Nosso conhecimento dessa impossibilidade é igualmente absoluto e inabalável; mas para aquele que é dada a graça da bondade, que vive na bondade que possui a fé igualmente absoluta e inabalável neste não obstante."

– "A bondade é obsessão (*Besessenheit*), não é suave, não é refinada e não é quietista, é selvagem, atroz, cega e aventureira. A alma do homem da bondade tornou-se vazia de todo conteúdo psicológico, das causas e resultados, tornou-se uma folha de papel em branco, sob a qual o destino prescreve sua ordem absurda e essa ordem torna-se cega, audaz e é levada atrozmente até o fim. Que essa impossibilidade torna-se ação, que essa cegueira torna-se clarividência e essa atrocidade em bondade – eis o milagre, a graça."

– "E você e seu pecado?"

AS FORMAS E A VIDA **181**

— "Veja, Marta, se você quer falar de frivolidade (e você realmente possui aqui uma sensibilidade refinada), então deveria me acusar de frivolidade, assim como eu era antes, quando ela ainda vivia. Veja: na ocasião saltei instâncias e mesclei categorias. Quis ser bom para ela. No entanto, não se deve querer ser bom e antes de tudo nunca se deve querer ser bom em relação a alguém. Deve-se querer salvar alguém, então se é bom. Se quer a salvação e se age mal, atroz, tiranicamente e cada ato deve ser um pecado. Mas mesmo o pecado não é de modo algum o oposto da bondade; e se fosse tal, seria apenas uma dissonância necessária no coro secundário de vozes. A consideração, o pensar em si e no outro, os primeiros planos, a sutileza, a reserva, os escrúpulos – eis aqui o que sou eu e eis aqui tudo o que é desumano, sem vida, abandonado por Deus e verdadeiramente culpável. Eu quis viver uma vida pura, onde tudo seria tocado com cautelosas e temerosas mãos limpas! Mas esse modo de vida é uma aplicação de uma falsa categoria à vida. Pura deve ser a obra separada da vida, mas a vida nunca pode se tornar e nem ser pura; a vida cotidiana não tem nada a ver com a pureza, nela a pureza é uma impotente negação, nenhum caminho de saída da confusão, mas antes a sua multiplicação. E a grande vida, a vida da bondade não precisa mais de uma tal pureza; ela possui uma outra pureza, uma de ordem mais elevada. A pureza na vida não passa de um mero ornamento e nunca pode tornar-se uma efetiva força da ação. Que não pude perceber isso foi minha frivolidade. Não é permitido querer a pureza assim como eu a quis, pois agora torna-se negação absoluta e perde o seu magnífico e medonho não obstante: o permanecer puro no pecado, trapaça e atrocidade. Por isso ela nunca pode se abrir para mim. Ela teve que me considerar como frívolo, jocoso e sem seriedade; mesmo o tom de seu discurso nunca pode ser verdadeiro em relação a mim, este se adaptou a essa deslealdade. Era uma mulher – e talvez eu tenha sido uma vez para ela algo como uma esperança. Decerto eu quis sua salvação; mas não estava possuído (*besessen*) desse querer: tinha que permanecer puro, ela necessitou, acredito, de permanecer pura, talvez todo o meu querer dessa salvação foi apenas um desvio para a bondade e a pureza que eu queria para mim. Eu saltei o caminho para alcançar a meta; e a meta para mim era um caminho para o caminho que parecia ser a meta para mim. Agora me veio a clareza: esse final sem sentido e absurdo, não-trágico e catastrófico, é para mim um juízo de Deus. Eu separo-me da vida. Assim como na filosofia da arte seria permitido apenas ao gênio, do mesmo modo na vida seria permitido apenas a existência daqueles que são dotados da graça da bondade."

Levantei-me chocada. O sentido do discurso me assustava, mesmo que tenha falado inteiramente tranqüilo, no tom em que cuidava em esclarecer uma nova teoria. Fui até ele e peguei sua mão: "O que você quer, o que pretende fazer?".

Ele riu. – "Não se preocupe, Marta. O suicídio é uma categoria da vida, e eu estou morto já faz tempo. Agora sei com mais clareza que sabia antes. Quando pensei que você viria, esperava em falar contigo sobre ela e temi a respeito. Temi (e veja você como fui confuso e infantil) e esperei também que eu calasse e chorasse. Mas agora falamos sobre a bondade, do mesmo modo como nós poderíamos ter continuado a falar sobre a pintura alegórica. Decerto você está viva e precisa saber: não é nosso diálogo desmesuradamente brutal? Você vai discordar pois você é boa ... trata-se apenas de meu discurso: você é gentil e solícita."

– "Você chorou muito e chora agora. Este é seu pranto."

– "Você mesma sabe que diria o mesmo que digo: este é meu pranto. Em mim as formas estão ofuscadas e confusas: minhas formas de vida não são formas da vida, isso se fez claro para mim apenas agora. Por isso a morte é para mim um juízo de Deus. Ela teve que morrer para que minha obra fosse completada, para que não restasse nada para mim no mundo a não ser minha obra."

– "Não! Não!"

– "Você quer simplificar demais as coisas. Pense nas três possibilidades, que mencionei antes: tudo tem suas causas e motivos, mas também seu sentido e o juízo de Deus pode ser concebido apenas como significado. Deixemos de lado as causas exteriores e os motivos psicológicos; minha questão não tem nada a ver com eles. Você conhece a antiga lenda [húngara] de Clemente Kömives e a

AS FORMAS E A VIDA **183**

construção do templo: à noite o diabo destruía tudo o que havia sido construído durante o dia, até que se tomou a decisão que um dos que trabalhava na construção do templo deveria ter sua mulher sacrificada, aquela que, num certo dia, chegasse primeiro para visitá-los. Foi a mulher do mestre-de-obras. Quem poderia elencar as causas pelas quais veio justamente ela? Há inumeráveis causas exteriores e motivos anímicos, e é certo que, considerando do ponto de vista psicológico e do mundo psicológico, trata-se de um acaso brutal e sem sentido que tenha que ter sido justamente ela. Pense também na filha de Jephta! Mas o conjunto possui um sentido, não para o mestre-de-obras e tampouco para Jephta, mas para a sua obra. A obra cresceu da vida, mas se emancipou dela, originou-se do homem, mas é inumana, é até contra o homem. A argamassa que liga a obra à vida, que lhe dá origem, a separa para sempre dela: é feita de sangue humano. Cristo disse: 'Se alguém vem ao meu encontro e não odeia seu pai, mãe, mulher, filho, irmão, irmã, mesmo também sua própria vida, este não pode ser meu discípulo'. Não estou pensando agora no lado psicológico da tragédia do artista, para mim essa constelação é um dado de fato: fato inumano, se quiser, aqui o discurso não tem nada mais a ver com humanidade. Não, não suporto mais a confusão e a insinceridade da vida cotidiana, que quer ter tudo de uma só vez e que também pode ter, porque não quer nada de efetivo e que realmente nada quer. Tudo o que é puro é inumano, pois a considerada humanidade não é outra coisa que um contínuo ofuscamento e confusão dos limites e dos territórios. A vida viva é sem forma, pois se situa além das formas. A outra é, ao contrário, sem forma, pois não pode ser definida em nenhuma forma de modo claro e puro. Certamente toda luz apenas pode existir se for extraída com violência do caos extirpando-lhe toda ligação com a terra. Mesmo toda ética autêntica (pense apenas em Kant) é anti-humana: pretende realizar a obra ética no homem... porque ela foi tudo para mim, o que foi a vida – por isso que sua morte e a minha impotência em ajudá-la, que causou a sua morte, são para mim um juízo de Deus. Mas não pense você que eu despreze a vida. Mas a vida viva é também uma obra de arte, e entretanto para mim foi dada uma outra tarefa."

– "Isso é novamente uma evasiva, um caminho muito direto! Você quer se tornar um monge, mas não se pode realizar uma reforma que nunca aconteceu. Não é novamente o ideal de pureza que lhe leva a falar desse modo? Você quer unir a sua hipersensibilidade nervosa em relação a toda crueldade, confusão e a toda sujeira com uma vida entre os homens, e porque essa tentativa lhe parece falida, quer se ver livre da inteira vida. Mas essa não é uma solução cômoda demais? Sua ascese não é um mero alívio? Sua obra, que você quer salvar, e lhe dar sangue humano como fundamento, não tonar-se-á de agora em diante mais e mais anêmica e sem fundamento?"

– "Marta, é uma sorte para você ser desprovida de talento; se não fosse assim eu teria que me preocupar sempre com você. Uma mulher nunca poderá compreender plenamente que a vida é só uma palavra e que apenas através da turvação do pensamento pode adquirir uma realidade unitária; que há tantas vidas quanto determinadas possibilidades *a priori* de nossas atividades. Para você a vida é a vida mesma e (perdoa-me!) não pode acreditar que algo realmente grandioso seja também o culminar da vida, o gozo fútil e a glória, mesmo que apenas no final, depois de muito sofrimento. Uma mulher jamais pisou no mundo além do prazer e da dor, se não se atrofiou, se não ficou diante da entrada da vida. É maravilhosa, forte e bela a unidade encarnada da vida, do sentido e dos fins. Mas apenas quando a própria vida é a meta e o sentido da vida. No entanto, onde você encontra aqui um lugar para a obra? Não é curioso que todas as mulheres de talento encontram seu final na tragédia ou na frivolidade? Não podem produzir uma unidade de obra e vida, e assim ou se deixam sucumbir na frivolidade ou se destruir a si mesmas. Mulheres sérias, que não são apenas mulheres, são destinadas à morte. Mesmo Catarina de Siena não era uma asceta pura e consciente, mas a noiva de Cristo. Não se pode tomar simplesmente como absurdo o fato de que, no Oriente, as mulheres sejam excluídas do paraíso; é injusto e até mesmo inteiramente falso, mas a verdade é a seguinte: a pobreza de espírito jamais é conquistada por elas."

– "A pobreza de espírito?"

AS FORMAS E A VIDA **185**

— "Não seja desconfiada das palavras; trata-se de algo muito simples o que falo, e a expressão mais simples para isso. Um indivíduo comum e turvo jamais é pobre de espírito: sua vida possui sempre diante de si e em si inumeráveis possibilidades; se uma categoria lhe falha ou se ele desiste dela, logo vai perambular em outra feliz e contente. A pobreza de espírito é apenas um mero pressuposto, um mero estágio inicial da verdadeira condução da vida; o Sermão da Montanha promete a bem-aventurança (*Seligkeit*), mas para Fichte se chama a vida mesma: vida bem-aventurada."

"A pobreza de espírito significa: livrar-se das próprias limitações psicológicas para abandonar-se, metafísica e metapsicologicamente, à própria necessidade mais profunda. Abdicar-se para realizar a obra, que do meu ponto de vista só me pertence por acaso, mas que através da qual eu próprio me torno necessário. Somos apenas um turvo feixe de desejo e temor, de prazer e dor, algo que perece por sua própria inessencialidade (*Wunschlosigkeit*) a cada instante. Mas se quisermos esse perecer (*Zugrundegehen*)? Não poderíamos então superar definitivamente nossa inessencialidade e esta nunca mais seria substituída por uma nulidade condenada semelhante? O sentido de nossa vida está sempre mitigado por seus motivos, sua teleologia por sua causalidade, nosso destino pelos nossos destinos. Procuramos o sentido, a redenção. 'O virtuoso quer a decisão e nada mais', diz Lao-Tsé. A vida cotidiana empírica não pode nos trazer nunca uma autêntica tentação. Supervalorizamo-la, quando se fala de suas dissonâncias. A dissonância só é possível em um sistema de sons, isto é, em um mundo prontamente unitário; distúrbio e inibição e caos não foram nunca dissonantes. A dissonância é clara e unívoca, é o contrário e a complementação da essência; é a tentação. E essa procuramo-la todos, nossa autêntica tentação, aquela que abala nossa verdadeira essência e não resulta apenas em disparates em sua periferia. A redenção (poderia defini-la também como o tornar-se-forma) é o grande paradoxo: o tornar-se unidade da tentação e daquele que sucumbe a esta, do destino e da alma, do demônio e do divino no homem. Você sabe da filosofia da arte: toda forma tem origem quando o fértil paradoxo que desperta vida é encontrado, quando os limites atrozes produzam frutos e a renúncia se torna riqueza. A pobreza de espírito faz nossa alma homogênea: o que não pode se tornar destino, não é evento algum para ela, e somente a tentação selvagem torna-se estímulo."

– "E a obra? Sua obra? Temo que queira falar novamente da bondade, novamente elogiar estranhas perfeições."

– "Não, falei apenas de modo puramente formal, apenas de pressupostos de condutas de vida; isto é também da bondade, mas não só dela. Falei de uma ética inteiramente geral, de uma ética que tudo engloba e que não se limita meramente às ações inter-humanas da vida cotidiana. Na medida em que cada uma de nossas atividades é uma ação, cada uma possui os mesmos pressupostos puramente formais, a mesma ética. Essa ética é por isso mesmo sempre negativa, proibitiva e sem conteúdo; se há nela um mandamento inteiro e claramente formulado é o seguinte: deixa, o que não tens que fazer. É negativa, e desse modo sempre preparação e estágio intermediário; é pressuposto e caminho até à obra, à virtude, ao positivo. Vou mesmo além: virtude é obsessão. Não possuímos virtude alguma, não somos também virtudes, a virtude nos tem; e ser pobre de espírito significa: ter à disposição para nós as nossas virtudes. Devemos viver assim: nossa vida é sem valor, sem significado, e estaríamos preparados a cada instante para morrer, pois esperamos meramente em cada instante a permissão de tolhê-la. Decerto precisamos viver, viver intensivamente com todas as forças e sentidos. Porque somos apenas um vaso (*Gefäss*), mas o único vaso da aparição do espírito; apenas em nós pode ser vertido o vinho da sua revelação, apenas em nós, por meio de nós pode se realizar o seu verdadeiro tornar-se manifesto (*Offenbarwerden*), sua transubstanciação. Pois não temos o direito de nos privar. E puro deve ser o vaso, mas essa pureza não é aquela a que me referi há pouco, é a unidade, o homogêneo da alma. Quando Edmond Goncourt estava na iminência de tornar-se cego, escreveu: "Talvez fosse o caso de compor um volume, ou antes uma série de notas, todas espiritualistas, todas filosóficas, e escritas na sombra do pensamento". Ele era pobre de espírito, quando pensou assim, e seu esteticismo possuía pois a virtude da obsessão. Precisamos tornar-nos aprioristas e orientar nossas possibilidades de percepção e reação com involuntariedade fatal em direção à categoria na qual se encontra a obra. Então a privação da alma torna-se, por meio da pobreza, em atividade, em solo fértil e em fúria medonha da obsessão da obra que urge por sua realização. A pobreza de espírito era o pressuposto, o negativo, o caminho de saída da má-infinitude da vida, da multiplicidade inessencial. Aqui desabrocha uma nova riqueza, uma riqueza de unidade. 'Todas as partes nascem do todo', diz Plotino, 'e todas as partes e o todo coincidem. Não há nem variedade, nem diferença, tudo é infatigável, inesgotável. Apenas no olhar cresce a visão'. Na medida em que nos detemos na vida cotidiana, não passamos de meras caricaturas de Deus: repetimos fragmentariamente mal o fragmentário grandioso de sua criação onilateral. Na obra, que nasce da pobreza e da obsessão, o fragmentário se circunscreve, da multiplicidade dos sons nasce uma voz da escala e do turbilhão caótico dos átomos nascem planetas e órbitas planetárias. O que é comum aqui é o caminho até a obra, a ética da virtude; mas cada obra é agudamente separada de todas as outras. Não sei se esse caminho é em-si e para-si desejado por Deus, ou se leva até Deus; sei apenas que é o nosso único caminho sem o qual nos perdemos no lodaçal. A bondade é apenas um caminho em meio a muitos. Mas ela leva certamente a Deus. Porque para ela tudo torna-se caminho, nela perde-se nossa vida conjunta tudo o que era apenas semelhante à vida; nela a inumanidade da obra torna-se a mais elevada humanidade, seu desprezo da imediatez no verdadeiro contato com a essência."

— "Você quer, se te compreendo corretamente, restaurar em chave metafísica as castas. A seus olhos existe, portanto, apenas um pecado: a confusão das castas."

— "Você compreendeu-me maravilhosamente bem. Não sabia se havia me expressado suficientemente claro, e temia que pudesse confundir o que disse com o individualismo estupidamente moderno do dever contra si próprio. Não fui chamado para definir o número, o modo e os deveres das castas: que no entanto há apenas um número determinado, percebo, que sabe e acredita imediatamente como eu creio. Compreende agora o significado do dever próprio para a virtude? Por meio da virtude é superada a falsa riqueza e a essência mentirosa da vida e libertamos em nós mesmos na forma. A fome de substância do espírito força-o a dividir os homens em castas para que deste mundo não claramente unitário possa criar muitos mundos claros da forma. As formas nascem do ímpeto (*Drang*) pela substância e parece como se a substância fosse superada apenas por meio dessa única realização possível. Certamente apenas os caminhos do tornar-se forma (*Formwerden*), as leis do formar e os deveres do formador são distintos: cada um entre eles é apenas um igual, apenas uma imagem do transformar-se do espírito. Como seus pressupostos formais eram os mesmos, então significa o fato do seu ser-aí (*Da-Sein*) o mesmo: a salvação da substância da inverdade do mundo em verdade – e a salvação não pode possuir plural. As formas não se igualam uma às outras, sua essência é estritamente separada uma da outra, no entanto são o mesmo, seu ser-aí é unidade, é a unidade. Os virtuosos, aqueles que realizaram seu dever (e você sabe: há apenas deveres próprios e depois destes nós somos divididos em muitas castas) ascendem a Deus, para eles cessa o isolamento. Aqui há de silenciar toda dúvida: só é possível uma redenção."

Calamos por um instante. Logo interroguei-lhe calmamente, apenas para poder concluir a conversa: "e qual é seu dever?".

– "Você o sabe: se eu quisesse viver, seria um transgredir minha casta. Pois eu a amava e quis ajudá-la, era já uma transgressão. A bondade é dever e virtude e pertence a uma casta mais elevada do que a minha."

Pouco depois nos despedimos e ele me prometeu que deveria me visitar em poucos dias. Dois dias depois se matou. Como o senhor sabe, legou todo o seu patrimônio ao filho de minha irmã. Foi encontrado em sua escrivaninha um exemplar da Bíblia aberto e com as seguintes palavras assinaladas do Apocalipse: "Conheço suas obras, você não é nem quente nem frio. Ah! Se você fosse quente ou frio. Mas porque você é morno e nem frio e nem quente, por isso cuspi-lo-ei de minha boca".

SOBRE O LIVRO

Formato: 14 x 21 cm
Mancha: 23,7 x 42,5 paicas
Tipologia: Horley Old Style 10,5/14
Papel: Offset 75 g/m² (miolo)
Cartão Supremo 250 g/m² (capa)
1ª edição: 2004

EQUIPE DE REALIZAÇÃO

Coordenação Geral
Sidnei Simonelli

Produção Gráfica
Anderson Nobara

Edição de Texto
Nelson Luís Barbosa (Assistente Editorial)
Carlos Villarruel (Preparação de Original)
Ada Santos Seles (Revisão)

Editoração Eletrônica
Lourdes Guacira da Silva Simonelli (Supervisão)
Luís Carlos Gomes (Diagramação)

Impressão e acabamento